한 장으로 마스터하는 〈엄마의 생각정리스킬〉

제목		**엄마의 생각정리스킬**
부제		**엄마의 복잡한 머릿속 명쾌하게 정리하는 방법**
1장	'엄마의 생각정리'가 필요한 이유	엄마의 복잡한 머릿속, 정리가 필요하다
		생각정리스킬, 누구보다 엄마들에게 필요한 기술이다
		생각정리, 연습하면 누구나 잘할 수 있다
2장	'엄마의 생각정리' 방법	머릿속 생각을 시각화하라
		생각정리도 옷장정리처럼
		7가지 생각정리 도구를 활용하라
3장	엄마의 삶을 경영하라	생각정리로 엄마의 꿈을 만들어 보자
		엄마의 꿈으로 가는 생각정리하루습관
		엄마는 꿈의 아이콘이다
4장	아이의 미래를 디자인하라	엄마의 생각 크기가 아이의 생각 크기다
		생각정리스킬로 아이의 습관과 학습을 잡아라
		생각정리로 아이의 꿈을 그리다
5장	가정의 시스템을 만들어라	생각정리스킬로 가정의 탄탄한 시스템을 만들어 보자

엄마의
생각 정리 스킬

엄마의 복잡한 머릿속 명쾌하게 정리하는 방법
엄마의 생각정리스킬

초판 1쇄 발행 2019년 6월 30일
초판 2쇄 발행 2020년 6월 20일

지은이 **엄유나**
펴낸이 **백광옥**
펴낸곳 **천그루숲**
등 록 2016년 8월 24일 제25100-2016-000049호

주소 (06990) 서울시 동작구 동작대로29길 119
전화 0507-1418-0784 팩스 050-4022-0784
이메일 ilove784@gmail.com

인쇄 예림인쇄 제책 예림바인딩

ISBN 979-11-88348-47-3 (13320) 종이책
ISBN 979-11-88348-48-0 (15320) 전자책

이 도서의 국립중앙도서관 출판예정도서목록(CIP)은 서지정보유통지원시스템 홈페이지(http://seoji.nl.go.kr)와 국가자료공동목록시스템(http://www.nl.go.kr/kolisnet)에서 이용하실 수 있습니다.
(CIP제어번호 : CIP2019022299)

엄마의 복잡한 머릿속
명쾌하게 정리하는 방법

엄마의 생각정리 스킬

엄유나 지음

천그루숲

| 머리말 |

우리는 아침에 눈을 떠 저녁에 잠이 들 때까지 생각을 멈추지 않고 살아간다. 이런 상황에서 '생각정리'는 누구에게나 필요하다. 특히 챙겨야 할 가족이 많고 해야 할 일이 많아 머릿속이 복잡한 우리 엄마들에게는 더더욱 필요한 삶의 핵심기술이다.

엄마는 엄마 이전에 나 자신으로서 독립된 주체자가 되어야 한다. 엄마가 '나' 자신으로서 가정의 중심을 잡고, 진정한 '나다움'을 찾는 근본적인 시작은 바로 생각을 정리하는 것에서 출발한다.

또한 4차 산업혁명시대에는 생각정리력을 바탕으로 한 창의력, 의사소통능력, 비판적 사고력, 협업능력이 미래인재의 핵심조건이다. 이런 미래 시대를 살아갈 우리 아이들을 키우는 엄마들이 먼저 '생각정리스킬'을 알고 있어야 엄마의 생각정리 주도력을 바탕으로 아이의 생각정리력을 키울 수 있다. 엄마 자신을 위해서도, 그리고 우리 아이를 위해서도 '엄마의 생각정리스킬'을 배우고 익히며 삶에 적용하는 것은 이제 선택이 아닌 필수임을 기억해야 한다.

『엄마의 생각정리스킬』은 크게 5장으로 구성되어 있다. 1장에서는 왜 엄마들에게 생각정리스킬이 필요한지에 대해 중점적으로 다루고 있다. 2장에서는 복주환 저자의 『생각정리스킬』을 바탕으로 엄마에게 필요한 생각정리 원리와 도구에 대해 이야기한다. 그리고 이 책의 하이라이트라고 볼 수 있는 3장에서는 생각정리스킬을 통한 엄마경영에 대해 다루며, 4장에서는 생각정리스킬로 아이의 미래를 디자인하는 방법을, 5장에서는 생각정리스킬로 가정의 시스템을 만드는 방법을 구체적으로 제시한다.

이 책을 읽고 엄마의 삶에 실천하는 과정에서 가장 중요한 팁은 '재미있다' '좋다' '내 삶에 도움이 될 것이다' '나도 할 수 있다'라는 긍정적인 마음가짐이다. 처음부터 이 책에 나와 있는 내용을 모두 다 내 삶에 적용하고 실천해 보려는 마음보다는 나와 아이의 상황과 성향에 맞는 부분부터 하나하나 차근차근 실천해 보는 방법을 추천한다.

나와 아이를 살리고, 꿈을 만들고, 인생을 변화시키고,
앞으로의 미래도 계속 변화시킬 '엄마의 생각정리스킬'

'엄마의 생각정리스킬'은 끊임없이 생각정리의 연속인 우리의 삶 속에서 엄마로서뿐만이 아닌 내 삶의 줄거리를 잡고, 갈무리의 예술

까지 기대할 수 있는 전천후 무기가 되어줄 것이다. 또한 향상된 생각정리력으로 얻은 자신감을 가지고 엄마만의 멋진 드라마를 거침없이 써나갈 때 우리 아이 또한 그런 엄마를 보며 자신의 생각을 정리하고 꿈도 만들며 스스로의 인생을 당당하게 개척해 나갈 수 있는 힘을 키울 수 있다. 그러니 이제 육아에 있어 '국민육아템'보다 더 중요한 건 '국민육아스킬' '엄마의 생각정리스킬'이라고 자신있게 말할 수 있다.

우리나라의 모든 엄마·아빠들, 예비부모, 더 나아가 생각정리스킬에 관심이 있는 모든 분들이 『엄마의 생각정리스킬』을 통해 생각정리의 달인이 되어 나만의 정체성과 꿈도 찾고, 인생의 기적을 함께 체험하기를 간절히 바란다.

엄유나

차례

3장 생각정리스킬로 엄마의 삶을 경영하다

4장 생각정리스킬로 아이의 미래를 디자인하다

프롤로그

나와 아이를 살린 생각정리스킬

'1, 2, 3, ……, 24, 25'. 25층이다. 어느 정도의 높이인지 감안해 보기 위해 창 쪽으로 가서 아래를 내려다보았다. 여느 한가한 오후, 할 일이 없어 집에 굴러다니는 강냉이를 어기적어기적 씹어 먹다가 무심결에 내려다봤던 그 창의 높이가 아니었다. 여기서 떨어지면 죽을 수 있을까를 생각하고 내려다보니 더욱 아찔하게 느껴졌다. 눈에 넣어도 아프지 않다는 아이를 낳고, 도대체 얼마나 예쁘길래 눈에 넣어도 아프지 않을까 궁금했더랬다. 그런데 이게 웬걸, 나는 아이가 예쁘기는 커녕 눈이고 허리고 머리고 온몸이 안 아픈 데가 없었다. 특히나 마음은 더 아팠다. 이게 뉴스에서나 보던 산후우울증이구나 싶었다. 어릴 적 사흘이 멀다하고 계속되는 아버지의 주사와 폭력으로 인해 받은 수많은 상처에도 죽고 싶다는 생각을 해본 적이 없는 나였다. 하지만 그토록 바라고 기다리던 아이가 태어났는데 25층 창문을 내려다보며 산후우울증에 허덕여 죽고 싶다는 생각을 하는 나를 보며 내 마음은 한 번 더 처절하게 무너졌다.

결혼한 지 3년의 시간이 지났지만 우리 부부에게 아이는 찾아오지 않았다. 조바심이 물밀 듯 밀려올 무렵 우리 부부에게 첫 번째 아이가 찾아왔다. 하지만 그 아이는 9주라는 짧은 시간 동안 내 배 속에서 함께하다 하늘나라로 갔다. 엄마가 되는 것도 나에겐 그리 호락호락하지 않구나라는 생각이 절로 드는 기다림의 시간이었다.

그렇게 한 번의 유산을 겪으며 결혼한 지 5년이라는 시간이 흐른 어느 날 드디어 임신 테스트기의 선명한 두 줄을 확인했다. 유산 경험이 있던 터라 상사에게 이야기하고, 바로 육아휴직을 위해 보따리를 쌌다. 임신기간을 무사히(?) 보내고 드디어 2014년 9월 16일, 분만실에서 10시간 동안의 아름다운 사투를 끝으로 '인생의 호시절'은 쥐도 산모도 모르게 끝이 났다.

딸과 처음 마주한 순간 가장 먼저 드는 감정은 순도 100%의 '행복'일거라 생각했는데, 막상 딸의 얼굴을 본 순간 든 감정은 놀랍게도 '놀람'이었다. 누구도 의심할 여지없는 남편과 싱크로율 100%인 딸의 얼굴에 놀라지 않을 수 없었다. 놀람은 여기서 끝이 아니었다. 연년생 아기를 낳겠다는 가당찮은 생각은 산후조리원에서 집으로 돌아오자마자 쏙 들어갔다.

남편은 육아기간 중 가장 힘든 시기인 아이 출산일부터 돌까지 1년 동안 회사의 대형 프로젝트 매니저의 역할을 맡게 되었다며 미안해했다. 처음에는 '바빠도 뭐 얼마나 바쁘겠어'라고 생각했지만 평

일에는 육아 전쟁이 끝난 저녁 11시가 다 되서야 집에 들어오고, 주말에도 출근을 해야만 하는 상황이었다. 그때부터 1년 동안 '반과부' & '독박육아'의 생활이 시작되었다.

이제껏 선인장도 안 키워 본 여자 사람이면서 육아의 'ㅇ'도 몰랐던 나에겐 누군가의 도움이 절실히 필요했다. 남편 다음 비빌 언덕인 양가 어머니 찬스를 호시탐탐 노렸지만 그마저도 여의치 않았다. 시어머니는 지방에 계셔서 도와줄 수 없었고, 친정 엄마도 멀리 사시기도 하지만 '난 애는 죽어도 못봐준다. 애는 엄마가 키워야지.'라는 대쪽같은 육아 철학을 가지고 계셨기에 가끔씩 반찬만 가지고 오셔서 잠깐 머물다 가시는 정도였다.

그렇게 나는 누군가에게 아이를 맡기고 콧바람이라도 쐬면서 즐기는 '찰나의 커피타임'도 거의 누리지 못한 채 매일 힘들게만 느껴지는 나날들을 보냈다. 때론 매일 반복되는 육아 쓰나미와 가사의 무게가 너무 버거워 도망치고도 싶었다. 그 시기의 나의 감정을 설명하는 데는 온갖 부정적인 감정목록을 모조리 가져다 붙여도 모자랄 판이었다.

그래도 엄마니까 젖먹던 힘까지 짜내 아이와 시간을 보내고 난 후 아이가 잠든 고요한 밤이 되면 이 세상에 나만 혼자인 듯한 슬픔과 우울함에 복받쳐 하염없이 눈물을 흘렸다. '여긴 어디고, 나는 누구인가?' 내 인생이 송두리째 없어져 버렸다는 공허함. 이렇게 아이 뒤치다꺼리만 하다 내 인생이 허망하게 끝나버릴 것만 같은 초조함에 도무지 견디기 힘든 날들이었다.

그러던 어느 날 문득 잠든 딸을 바라보다 '이제 더 이상 이렇게 살지 않겠어!' '이대로 무너지지 않겠어!'라는 굳은 다짐과 함께 새 삶을 살기로 결심한다. 그리고 그날부터 미친 듯이 책을 읽고 강의를 들었다. 뭐가 되겠다는 생각보다 내가 나와 아이, 그리고 우리 가족 전체의 인생을 바꾸기 위해 할 수 있는 것은 그것밖에 없다고 생각했다. 혹여라도 아이가 깰까 싶어 야간 보초를 서면서도 작은 전등 불빛에 의지해 새벽까지 하루 한두 권의 책을 읽고 또 읽고, 강의를 듣고 또 들었다. 그렇게 나는 내 마음을 치료하고 싶었다. 또 내가 누군지 알고 싶었고, 무엇보다 내 꿈을 찾고 싶은 마음이 가장 컸다. 그렇게 나는 나와 아이를 살리기 위해, 미치지 않기 위해 미친 듯이 책을 읽고 강의를 들었다. 그렇게 매일 작은 성공 경험을 조금씩 쌓아가다 보니 하염없이 흐르던 눈물도 그치게 되고 내가 조금씩 괜찮아지고 있다는 생각이 들었다. 남의 편이라고만 생각했던 남편 또한 사회에서 펼쳐갈 자신만의 꿈이 있고, 그 역시 나와 아이를 사랑하지만 그 사랑의 표현이 다소 부족했다는 것을 깨닫게 되었다. 그리고 가족과 주변 사람까지도 이해할 수 있는 너른 이해력과 포용력이 생겼다. 상황이 바뀐 것은 없지만 내가 바뀌니 남편이, 가족이, 세상이 달라보이기 시작했다.

그러던 어느 날 무심결에 발견한 한 권의 책이 내 삶을 송두리째 바꿔줄 기폭제가 될 줄은 몰랐다. 생각정리연구소의 대표인 복주환 저자가 쓴 『생각정리스킬』이었다. 제목만 보고, 득달같이 서점으로 달려갔다. 주문하고 기다리고 자시고 할 여유가 없었다. 책을 읽으며 지금까지의 고민의 퍼즐이 맞춰지는 듯했다. 그동안의 나는 많이 읽고 생각하고 경험한 것들을 머릿속에 쟁여놓는 것에만 급급했다. 하지만 책을 읽으며 생각을 정리해 보니 머릿속에 쌓기만 해서는 복잡하기만 한 내 생각과 나의 꿈이 정리되지 않는다는 것이 문제였다.

신영복 선생님은 『담론』에서 '소비를 통하여 자기 정체성을 만들어 낼 수는 없다. 인간의 정체성은 생산을 통해 형성된다.'고 하셨다. 그런데 나는 '소비'의 그늘에서 늘 제자리를 맴돌며 힘겨운 시간의 터널 속에서 한 줄기 빛을 찾아 전전했다는 생각에 잠시 암울했다. 한편으로는 그 시간 동안 나를 돌아보며 읽었던 많은 책들이 내 꿈의 자양분을 만드는 과정이었다고 생각하니 그 나름대로 의미가 있었다. 이제는 생각을 정리하고 표현해서 꿈을 만들어 보겠다는 구체적인 목표가 생기니 당장이라도 꿈을 이룰 듯한 기세였다.

그 여세를 몰아 그 후로도 계속 집순이로 무릎이 다 늘어난 두어 벌의 트레이닝복을 입고, 미친년 산발같은 머리를 한 채 구체적인 꿈을 만드는 노력을 계속 했다. 복주환 저자의 온라인 강의는 물론이고 생각정리에 관한 책은 모조리 다 찾아 읽었다. 책만으로는 부족하다는 생각이 들어 바로 복주환 저자의 〈생각정리스킬〉 입문과정과 심화과정을 신청했다. 수업을 듣고 매일 미션 과제를 〈생각정리스킬〉 카페에 올리면서 과제 내용과는 별도로 머릿속에 떠오르는 생각을 정리하고 글로 쓰기 시작했다. 생각정리를 하고, 정리된 내용을 바탕으로 글을 쓰고, 주변 엄마들에게 쓴 글을 보여주고 말하는 그 시간이 어떻게 가는 줄도 모를 만큼 재미있고 신이 났다.

그렇게 아이를 낳기 전부터 약 10년 동안 읽은 책이 약 3,000권, 시청한 유튜브 강의가 3,000건이 넘었음을 헤아렸다. 이제는 책을 써야겠다는 내면의 목소리가 들려왔다. 매일 자면서도 몰입하다 보니 꿈에서 『엄마의 생각정리스킬』이라는 제목도 지어줬다. 나처럼 마음과 몸이 힘든 엄마들, 이렇다 할 꿈이 없어 방황하는 엄마들을 위해 하루빨리 생각정리에 대해 알려주고 싶었다. 그리고 무엇보다 우리 딸과 아이들을 위해 내 온 마음과 정성을 다해 책을 쓰기로 결심했다. 이 책을 끝까지 쓰기까지의 과정이 쉽지는 않았지만 콘텐츠에 대한 확신과 나 자신과 우리 딸 그리고 많은 엄마들과 그 아이들에게 도움을 주고 싶은 생각이 가장 컸다.

이 한 권의 책에는 10년이라는 긴 시간 동안 나 자신으로 그리고 엄마로 살며 엄마와 아이가 행복하면서도 함께 동반성장할 수 있는 방법이 무엇일까를 수없이 고민하며, 넘어지고 깨지면서 적용하고 연구한 모든 것들이 담겨 있다. 기본기가 갖춰지지 않으면 그 다음 단계로의 도약을 기대할 수 없다. 엄마가 생각을 정리하며 탄탄한 기본기를 갖춰야 엄마가 아닌 온전한 '나'로서 주체적으로 설 수 있다. 주체적인 나의 삶으로 가는 여정에 있어 가장 중요한 밑바탕이 되는 '엄마의 생각정리스킬'을 믿고, 내 삶과 아이, 가정에 적용해 본다면 엄마와 아이 그리고 가족 모두 인생의 작은 변화부터 큰 변화까지 체험할 수 있으리라 믿는다.

지금부터 그 행복한 여정을 함께 떠나보자.

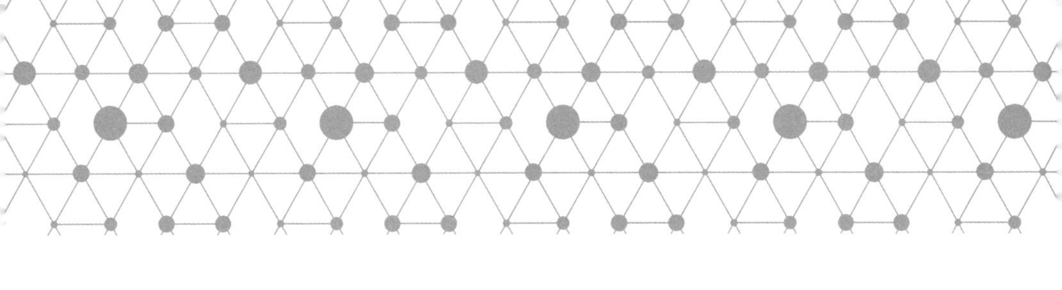

1장

엄마는 왜 생각을 정리해야 할까?

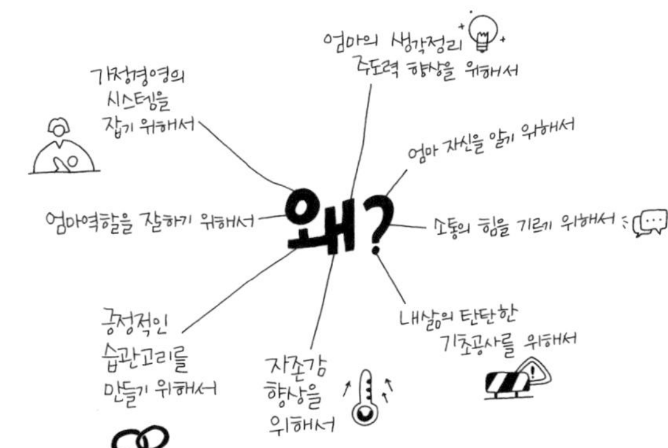

01

엄마의 머릿속은 정리되지 않은 생각창고다

민서(5세), 민준(4세) 연년생맘 & 전업맘의 하루

연년생 남매 엄마 박향미 씨의 하루가 또 시작되었다. 호환, 마마보다 무섭다는 연년생 육아도 어느덧 5년 차지만 아직도 힘에 부칠 때가 많다. 바로 오늘이 더 그런 날이다. 유치원에 다니는 민서와 어린이집에 다니는 민준이 둘 다 소풍을 가는 날이기 때문이다.

"왜 하필이면 같은 날에 소풍을 가는 거야."

도시락을 준비하며 입에서는 볼멘소리가 절로 나온다. 도시락을 다 싸고 허리 한 번 펴볼 새도 없이 아이들을 깨우고 어르고 달래서 밥을 먹이고 나면 드디어 1차 전쟁이 끝난다. 이제 두 아이의 옷을 입히고, 도시락과 물통, 간식이 든 가방을 두 아이의 어깨에 메어준 후 집을 나선다.

엄마가 되기 전에는 집을 나선다는 게 이렇게 어려운 일인지 몰랐다. 지금이야 아이들이 많이 사람(?)이 되어서 그렇지 아이들이 어릴 때는 아기띠에, 가방에, 기저귀, 보온물통, 젖병, 분유까지 싸서 완전 군장 빰치는 짐을 챙길 생각을 하면 두 아이를 데리고 외출할 엄두조차 내지 못했다. 엄마가 되고 나서야 아무 일 없이, 우아하게 집을 나선다는 게 큰 행복임을 깨달았다.

뚜벅이맘인 향미 씨는 매일 아침 걸어서 민준이는 어린이집에, 민서는 유치원에 데려다 준다. 혼자 가면 10분이면 갈 거리를 세월아 네월아 30분이 넘게 등원 전쟁을 치르고 나면 삭신이 다 쑤시는 느낌이다.

아이들을 보내고 나서 소파와 한 몸이 되어 조금 쉬다가 오늘 할 일을 생각해 본다. 확실히 애 둘을 낳고 나니 기억력이 나빠졌다. 그러고 보니 휴대폰은 어디로 갔는지 온 집안을 다 뒤지고 오만 군데를 다 찾아봐도 없다. 설마 하면서 냉장고까지 뒤져 봤지만 온데간데없이 사라졌다. 아뿔싸! 민서 유치원 가방에 핸드폰을 넣어놓고, 유치원에 도착하면 뺀다는 걸 깜빡했다. 두 껌딱지 아이들과 하루 종일 치대고 지지고 볶고 하다 보니 이제 정신이 안드로메다까지 갔구나 하는 생각에 한숨이 절로 나온다. 더이상 이래서는 안 되겠다는 생각이 들어 오늘 할 일을 생각나는 대로 종이에 적어봤다.

'아이들 가을 옷 정리, 빨래, 설거지, 도서관 책 반납하기,
저녁 반찬하기, 청소하기, 아이들 그림책 구입하기, …'

조금 끄적이다가 더 이상 생각도 나지 않고…. 다시 소파에 누워 잠이 들었다. 눈 한 번 깜빡하니 아이들이 돌아올 시간이 되었다. 놀이터 죽순이와 죽돌이인 민서, 민준이가 놀이터를 그냥 지나칠 리 없다. 아이들이 놀이터에서 노는 동안 벤치에 앉아 옆 동 준하 엄마랑 수다를 떨다 집에 돌아왔다.

이제 오늘의 하이라이트인 목욕과 저녁 먹이기가 남았다. 목욕을 시키며 고민을 한다. 오늘 저녁 메뉴는 또 무얼 하나? 딱히 떠오르지 않는다. 배달을 시키거나 반찬 가게에서 사다 먹일 생각을 하다가도 빠듯한 형편을 생각하니 힘들어도 꾸역꾸역 만들어 먹인다. 밥을 먹이다, 싸우는 아이들 말리다 저녁 시간도 금새 흘러간다.

이제 마지막 전쟁인 아이들 재우기가 남았다. 책을 읽어주다가 자장가도 몇 번 반복하고 드디어 두 아이의 눈이 감겼음을 확인한다. 어제가 오늘 같고, 오늘이 내일 같은 하루지만 그래도 하루가 끝났다. 오늘도 야근인 남편은 올 기미가 없고, 다들 엄마 처지니 불러낼 친구도 없다. 오늘도 혼술이다. 아이 낳기 전에는 집에서 술 한 방울 마셔 본 적도 없는 나인데, 이제는 TV를 친구 삼아 한잔 술을 마시는 경지에 이르렀다니…. 기가 찬다. 오늘따라 맥주 맛이 더 쓰게 느껴지는 건 기분 탓일까? 이런저런 걱정에 오늘도 쉽사리 잠이 오지 않는 밤이다.

'여긴 어디고, 나는 누구인가?'

'이렇게 아이들만 키우다 평생 집에서 주저앉는 건 아닐까?'

서현(1세), 서진(8세), 서아(11세) 다둥이맘 & 워킹맘의 하루

'앗, 다섯 시다.'

연신 요란하게 울려대는 알람에 눈을 떴다. 어제 아이들을 재우고, 오늘까지 보고해야 하는 기획안을 완성하고 자려고 했지만 쏟아지는 잠을 이기지 못하고 잠이 들고 말았다.

세 아이를 키우고 있는 워킹맘 이수진 씨의 하루가 시작됐다. 반쯤 감긴 눈으로 오늘 회사에 보고할 기획안을 완성하니 어느덧 일곱 시다. 조금 있으면 아이들이 일어날 테니 서둘러 쌀을 씻어 밥을 했다. 연일 계속되는 야근과 회식에 매일 늦게 들어오는 남편은 아직도 코를 골고 자고 있다. 나는 육아에 살림에 회사 일까지 어느 것 하나 소홀히 하지 않으려고 온갖 발버둥을 치는데 코까지 골면서 자고 있는 남편을 보니 순간 참을 수 없는 억울함에 화가 용솟음친다. 남편을 깨워서 한바탕 할까 하는 찰나 막내가 깼다.

첫째와 둘째 아침을 먹여 학교에 보내고, 아직 돌도 안 된 셋째를 어린이집에 맡기고 출근한다. 양가 어머님들께서 봐주실 여건이 안 되고, 베이비시터를 고용할 만큼의 벌이가 되지 않으니 울며 겨자 먹기로 선택한 대안이다. 회사에 도착해서는 숨 돌릴 틈도 없이 일하다 퇴근시간이 가까워지면 시계를 힐끔힐끔 본다. 눈치가 보이지만 어쩌겠는가. 아이들 생각에 서둘러 칼퇴근을 하고, 집으로 가는 지옥철에 오른다. 이런 빠듯한 일상에 '내가 무슨 부귀영화를 누리겠다고 이러고 다니나'라는 생각이 절로 든다. 애 셋 낳고 가뜩이나 멘탈도 백짓장보다 얇아졌는데 몇 푼이나 벌겠다고 아이들까지 떼놓고 일을 다니냐는 시어머니의 잔소리까지 들을 때면 돈이고 뭐고 다 때려치우고 싶은 생각이 굴뚝같다. 대한민국에서 쥐꼬리보다도 짧은 월급을 받으며 '일하는 엄마'로 산다는 것의 녹록지 않음에 한숨이 절로 나온다.

워킹맘에게 퇴근은 다시 집으로의 출근이다. 어린이집에서 셋째를 데려와 씻기고 먹이고, 첫째 숙제와 준비물 챙기고, 둘째 받아쓰기 연습 조금 시키다 잠들 때가 한두 번이 아니다. 엄마가 되어서야 비로소 알게 되는 이런 비루한 현실을 누군가 낱낱이 알려줬더라면 과연 엄마가 되는 것을 선뜻 받아들였을까 하는 의구심이 든다.

'나는 어떻게 살아야 하고,
아이들은 어떻게 키워야 할까?'

내 미래에 대한 걱정, 아이들에 대한 걱정으로 생각이 많지만 너무도 피곤한 일상에 베개에 머리가 닿자마자 곯아 떨어지고 만다.

엄마의 복잡한 머릿속, 이대로는 안 된다

'첫째 어린이집 생일 케익 보내기, 둘째 학습지 신청하기,
선생님 면담하기, 은행 업무보기, 청소, 빨래, 설거지, 집안 정리,
그림책 정리하기, 반찬하기, 분리수거하기,
음식물 쓰레기 버리기, 에어컨 청소하기, …'

'어쩌다 엄마'가 된 우리 앞에 놓여진 하루 과제의 대략적인 양이 이 정도다. 미혼 남녀들이야 내 몸 하나 건사하면 그만이지만 우리 엄마들은 자기 자신에 대해서는 생각할 겨를조차 없다. 아이에 남편에 시댁에 친정에 집안일까지 신경 쓸 게 한두 가지가 아니기 때문이다.

누구나 많은 생각을 하며 살아간다. 하지만 엄마들의 경우는 챙길 것과 신경 쓸 일이 많으니 훨씬 더 많은 생각 속에 살아가고 있다. 컴퓨터나 휴대폰도 용량이 꽉 차면 불필요한 파일을 정리하거나 외장 하드를 이용해 정리해야 새로운 내용을 저장할 공간이 생긴다. 우리 엄마들의 머릿속 생각창고도 비워내고 정리해야 새로운 생각을 만들고 채울 수 있다. 비단 두 엄마의 사례만 보더라도 우리 엄마들의 정리되지 않아 복잡한 머릿속, 더 이상 이대로는 안 된다.

02

엄마의 복잡한 머릿속, 이제 정리가 필요하다

엄마의 복잡한 머릿속, 생각정리스킬이 필요하다

집안의 어른이 함께 살지 않는 핵가족의 시대, 아이들의 골목 문화가 사라진 현 시대의 육아환경은 부모 특히 엄마들에게 많은 역할을 요구하고 있다. 보육과 교육은 물론이고 전문적인 케어에 이르기까지 그 범위는 상당히 넓다. 오죽하면 '세상에서 가장 어려운 직업(World's Toughest Job)'이라는 영상에서 말하는 엄마의 자격조건이 다음과 같겠는가!

직함 : 상황실장

자격조건 : 일하는 동안 계속 서 있어야 하고, 일주일 내내 24시간 일할 수 있습니다. 함께하는 분이 식사를 다 끝낸 다음에 식사를 할 수

있으며, 크리스마스와 설날 및 기타 휴일에는 할 일이 훨씬 늘어납니다. 365일 근무하고 휴가는 없습니다.

이 직업은 뛰어난 협상기술과 인간관계기술이 필요합니다. 또한 의학, 재정, 요리법 등에 대해 학위가 필요할 수도 있습니다. 경우에 따라서는 고객과 함께 밤을 새워야 합니다. 어떤 경우에는 엉망진창의 혼란한 상황에서 일해야 하며, 생명을 대신 희생해야 하는 상황이 발생할 수도 있습니다. 그리고 급여는 전혀 없습니다.

웬만한 '극한직업'은 명함도 못 내미는 이런 현실 속에서 엄마들은 생각할 것이 너무 많아 스트레스를 받기도 하고, 정반대로 너무 힘든 현실에 생각조차 하고 싶지 않아 이렇다 할 생각 없이 사는 양극단의 모습을 띄고 있다. 그때그때 풀어야 할 문제가 생기면 딱히 물어볼 사람이 없으니 주변 엄마들에게 묻거나 맘카페에 글을 올려 다른 엄마들의 생각을 묻거나 찾아본다. 지역별로 다양하게 생겨나는 맘카페(회원 수가 많은 카페의 경우에는 약 280만 명 정도의 회원이 있다)가 이런 엄마들의 생각정리에 대한 고민의 깊이를 여실히 보여주고 있다.

'나는 생각한다. 고로 존재한다'고 데카르트가 말했다.
'엄마는 생각해야 하고, 고로 생각을 정리해야 한다.'

정리되지 않은 생각은 '조각'일 뿐이고 '독'일 뿐이다. 결국 이 시대가 요구하는 과도한 엄마 역할에 가장 필요한 능력은 다름 아닌 '생각정리능력'이다.

엄마와 생각정리스킬의 만남

'생각정리스킬'

스킬?! 기술이라고 하니까 왠지 전문적인 일에 사용해야 할 것만 같은 느낌이 든다. 왠지 직장인의 생각정리, 검사의 생각정리, 회계사의 생각정리 등 전문적인 조합이 떠오른다.

'기술'의 사전적 의미는 무엇인가를 만들어 내거나 성취하는 방법을 말한다. 보다 넓은 의미로는 인간의 욕구나 욕망에 적합하도록 주어진 대상을 변화시키는 모든 인간적 행위를 말한다. 이러한 기술의 사전적 의미를 바탕으로 '생각정리기술'을 정리해 보면 생각을 정리하며 무엇인가를 만들어 내거나 성취하는 방법이다.

사전적 의미로 정의한 '생각정리스킬'은 생각을 하고 사는 우리 모두에게 필요한 능력이라는 것을 알 수 있다. 특히 그 중에서도 엄마 자신뿐만 아니라 미래의 주인공인 우리 아이들을 키우는 엄마들에게 꼭 필요한 삶의 핵심기술이다.

엄마의 생각정리스킬, 활용범위는 어디까지?!

그렇다면 '엄마의 생각정리스킬'의 활용범위는 어디서부터 어디까지일까? 생각정리 도구인 마인드맵으로 '엄마의 생각정리 범위'에 대해 정리해 보았다.

엄마의 생각정리 범위는 엄마 자신의 일상·자기계발·꿈에서부터,

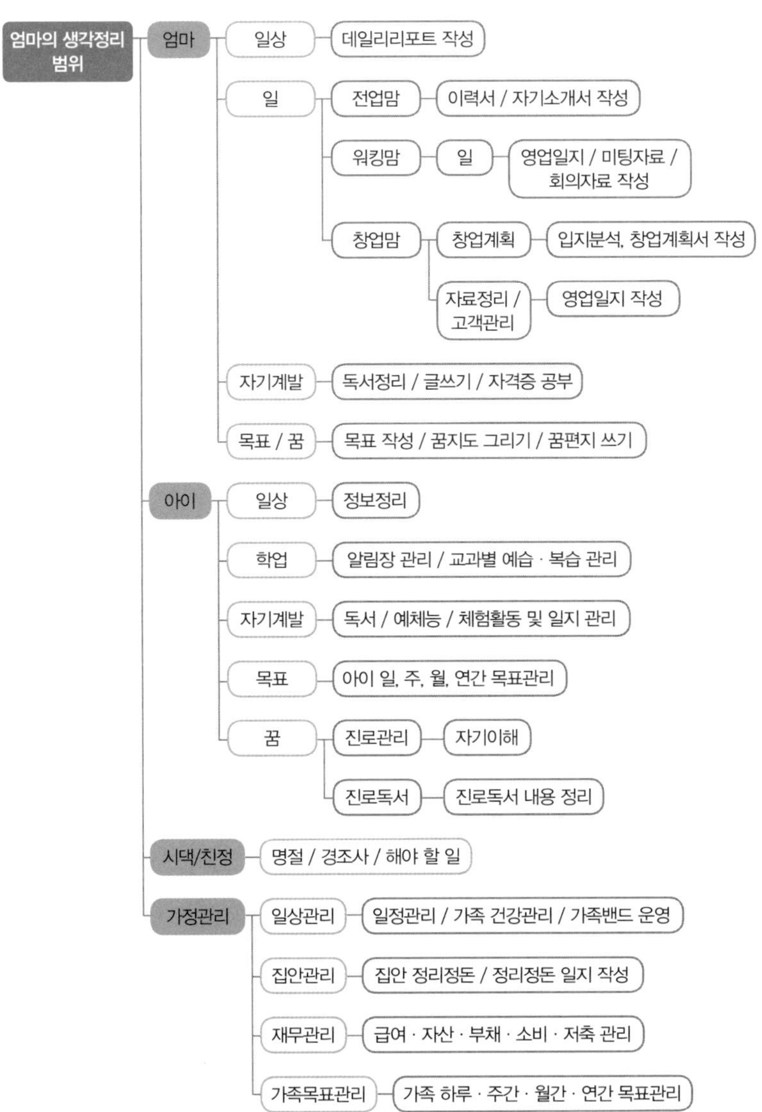
엄마의 생각정리 범위
엄마
일상
데일리리포트 작성
일
전업맘
이력서 / 자기소개서 작성
워킹맘
일
영업일지 / 미팅자료 / 회의자료 작성
창업맘
창업계획
입지분석, 창업계획서 작성
자료정리 / 고객관리
영업일지 작성
자기계발
독서정리 / 글쓰기 / 자격증 공부
목표 / 꿈
목표 작성 / 꿈지도 그리기 / 꿈편지 쓰기
아이
일상
정보정리
학업
알림장 관리 / 교과별 예습 · 복습 관리
자기계발
독서 / 예체능 / 체험활동 및 일지 관리
목표
아이 일, 주, 월, 연간 목표관리
꿈
진로관리
자기이해
진로독서
진로독서 내용 정리
시댁/친정
명절 / 경조사 / 해야 할 일
가정관리
일상관리
일정관리 / 가족 건강관리 / 가족밴드 운영
집안관리
집안 정리정돈 / 정리정돈 일지 작성
재무관리
급여 · 자산 · 부채 · 소비 · 저축 관리
가족목표관리
가족 하루 · 주간 · 월간 · 연간 목표관리

아이의 학업·진로, 시댁·친정의 대소사, 가정관리에 이르기까지 넓고 다양하다. 한 장으로 정리해 본 엄마의 생각정리 범위를 보니 지금 당장 생각을 정리하고 싶은 생각이 들지 않는가?

매일 쌓이기만 해서 폭발 직전인 당신의 머릿속 생각창고, 지금부터 하나하나 꺼내어 차근차근 정리하고 활용해 보자.

엄마의 생각정리스킬 활용백서

얼핏 '엄마'라는 단어를 떠올려 보면 그냥 '엄마'라는 단 두 글자만 생각날 것이다. 하지만 '엄마'에 대해 가족형태·양육형태 등 다양한 분류기준을 적용해 보면 다음과 같이 세분화된 엄마들로 구분된다.

엄마의 생각정리스킬은 이러한 모든 엄마들에게 꼭 필요한 기술이다. 그렇다면 '어떤 엄마들이 어떻게 활용하면 좋을지'에 대해 A타입부터 D타입까지 총 4가지 타입으로 구분해 살펴보자.

(1) A Type : 많은 고민과 생각을 일목요연하게 정리하고 싶은 엄마

① 다둥이 엄마

아이가 많을수록 생각도 많고 정리하고 선택해야 할 것들도 많다. 어린이집이나 유치원·학교에 대한 정보를 정리할 때나 예습·복습을 지도할 때에는 마인드맵을 이용해 정리하면 좋다. 학원이나 학습지 등을 선택할 때는 만다라트와 3의 로직트리를 이용해 의사결정을 해

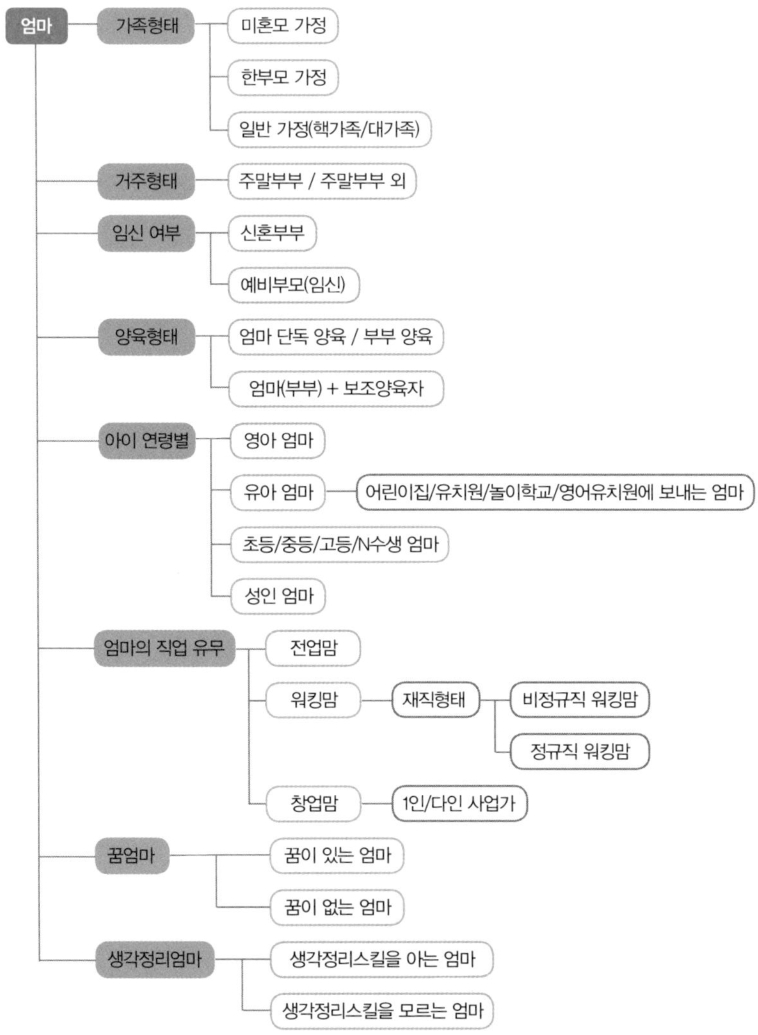

보는 것도 좋은 방법이다. 한 명 한 명의 아이들과 함께 세운 일·주·월·연간 목표를 만다라트로 한 장에 일목요연하게 정리해 두면 각각의 아이들별로 목표를 잘 관리할 수 있다. 구체적인 생각정리 도구에 대한 설명은 2장에 나와 있으니 참고해 보자.

② 시댁 & 친정의 대소사가 많은 엄마

시댁과 친정의 챙겨야 할 경조사나 기타 일정이 많아 꼼꼼한 기억력이 요구되는 엄마의 경우에는 마인드맵으로 일정과 특이사항까지 정리해 놓으면 깜빡 잊고 지나치거나 빠뜨리는 경우를 미연에 방지할 수 있다. 혹여나 그럴 일이 많지는 않겠지만 일정이 중복되는 경우에는 우선순위를 미리 매겨 두면 나중에 일의 중요도를 객관적으로 판단할 때 도움이 된다.

③ 결정장애가 있는 엄마

결정장애가 있는 엄마들은 사실 자신의 뚜렷한 생각이 없고 주관이 확실하지 않다는 것을 의미하기도 한다. 이런 엄마들의 경우에는 아이디어 발상도구인 만다라트를 이용해 우선 머릿속의 생각을 전부 꺼내어 생각할 수 있는 모든 선택사항의 전체적인 그림을 파악할 필요가 있다. 그리고 나서 꼼꼼하게 우선순위를 매기고 선택하는 과정을 거치다 보면 결정장애를 극복하는 데 도움을 받을 수 있다.

④ 고민이 많은 엄마

고민은 머릿속으로만 백날 생각한다고 해서 해결되지 않는다. '적자생존'이 괜히 나온 말이 아니다. 고민과 문제는 글로 적어야 해결의 실마리를 찾을 수 있다. 가족과 자녀에 대한 고민, 나 자신에 대한 고민으로 잠 못 이루는 엄마들의 경우에는 3의 로직트리인 What-

Why-How tree를 이용해 나의 고민은 무엇이고, 왜 그런 고민이 생겼는지 근원적인 이유를 찾아보고, 그 고민을 해결하기 위해서는 어떻게 하면 좋을지 구체적인 내용을 적어 해결책을 찾아보는 방법을 추천한다.

(2) B Type : 일(학업)과 가정의 생각정리를 모두 잘하고 싶은 엄마

① 워킹맘

일하는 엄마들의 경우에는 집안일 외에도 직장에서 생각정리스킬을 활용해 다양한 업무를 처리할 수 있다. 기획서·계획서·보고서·제안서 등을 작성할 때나 영업·미팅·회의·설득·발표를 할 때도 유용하게 활용할 수 있다.

② 영업맘 & 프리랜서맘 & 파트타이머맘

엄마들의 경우에는 자녀 양육과 일의 두 마리 토끼를 잡기 위해 비교적 근무시간이 자유로운 직종인 영업직이나 프리랜서, 파트타이머로 일하는 경우가 많다.

영업직에 종사하는 엄마들의 경우에는 제한된 시간 내에 최대한 많은 고객들을 만나는 것이 관건이다. 따라서 시간관리와 목표관리가 생명이다. 만다라트로 일·주·월·연간 목표를 세우고 관리할 수 있다. 하루 스케줄과 시간관리·점검은 데일리리포트(Daily Report)를 통해 낭비하는 시간을 줄여 효율적으로 시간관리를 할 수 있다. 또한 고객 제안서는 마인드맵 또는 3의 로직트리를 이용해 작성하면 일목요연하면서도 논리적으로 작성할 수 있다.

프리랜서맘 & 파트타이머맘의 경우에도 시간관리와 목표관리를 하는 데 있어 데일리리포트와 만다라트를 활용하여 관리하는 것을 추천한다.

③ 대학원생맘

가정생활과 대학원 석·박사 학위 과정을 병행하는 엄마들의 경우에는 수업내용을 예습하거나 복습할 때 마인드맵을 활용하면 도움이 된다. 팀별 과제나 공동작업을 할 때에는 브레인스토밍이나 브레인라이팅을 활용하면 다양한 팀원들의 생각을 취합하여 정리할 수 있다.

학위 과정의 꽃인 논문을 쓸 때에는 3의 로직트리를 활용해 초안을 작성하면 평가자들에게 어필할 수 있는 논리적인 프로포절을 작성할 수 있다. 본격적으로 논문을 작성할 때에는 글로 초안을 작성하는 것보다 마인드맵을 활용해 작성하면 중복과 누락을 방지하여 논리적인 논문을 작성할 수 있다.

(3) C Type : 생각을 정리해서 꿈을 만들고 싶은 엄마

① 자신의 꿈을 명확히 찾고 싶은 엄마

자신의 꿈을 명확하게 찾고 싶은 엄마는 독서리스트를 통해 정리된 책 목록을 살펴보며 주된 관심사와 좋아하고 잘하는 일을 파악할 수 있다. 매일 일기에 쓴 내용을 되짚어 보는 것 또한 엄마의 진로를 정하는데 도움이 된다. 인생그래프를 그리는 과정은 인생을 정리하는 차원을 넘어 엄마의 꿈을 찾는 데도 도움이 된다. 구체적이고 실현가능한 꿈을 찾았다면 만다라트와 마인드맵으로 그리는 꿈지도와 꿈편지를 통해 꿈의 실현력을 높일 수 있다. 꿈을 이루는 하루경영을 위해서는 생각정리하루습관과 데일리리포트로 매일 습관을 실천하고 관리하며 꿈으로 가는 구체적인 이정표를 만들어 나갈 수 있다.

② 재취업을 준비하는 엄마

재취업을 준비하는 엄마들의 경우 자소서나 이력서 작성시 마인드맵을 이용해 정리하면 일목요연하게 작성할 수 있다. 또한 나의 상태를 객관적으로 바라보기 위해서는 'SWOT 분석'을 통해 생각을 객관적으로 정리해 보는 것도 도움이 된다.

Strength(강점)	Weakness(약점)
Opportunity(기회)	Threat(위협)

(4) D Type : 생각을 정리해서 수익을 창출하고 싶은 엄마

① 창업 준비맘

창업을 준비하는 엄마들의 경우에는 창업 분야가 자신의 적성에 맞는지 자기탐색을 하는 과정이 중요하다. 3의 로직트리와 마인드맵을 이용해 창업 분야가 나의 적성에 맞는지 생각을 정리해 볼 필요가 있다. 그리고 창업 트렌드 파악, 아이템 선정을 할 때는 만다라트를 이용해 아이디어를 발상해 보고 선택하는 것도 합리적인 방법이다.

창업계획이 세워졌다면 창업계획서 작성시에 구체적인 사업내용과 운영방침, 소요자금, 추진일정 계획과 마케팅 홍보 전략, 인테리어 계획 등의 내용을 마인드맵으로 작성하면 전체와 부분을 아우르는 꼼꼼한 창업계획을 수립할 수 있다.

② 창업맘

이미 창업을 한 엄마들의 경우에도 일·주·월·연간 사업목표와 매출관리, 영업인력관리, 영업 매뉴얼 작성 외에 영업관리 전반에 걸쳐 다양하게 생각정리스킬을 활용할 수 있다.

생각이 꿈이 되고, 생각이 돈이 되는 시대다. 엄마의 생각창고가 중구난방의 '잡화상'이 아닌 '백화점'으로 거듭나려면 엄마의 생각정리능력은 이제 '선택'이 아닌 '필수' 능력임을 인식하자. 나의 생각창고가 '생각잡화상'이 될지 '생각백화점'이 될지는 이제 당신의 선택에 달려있다.

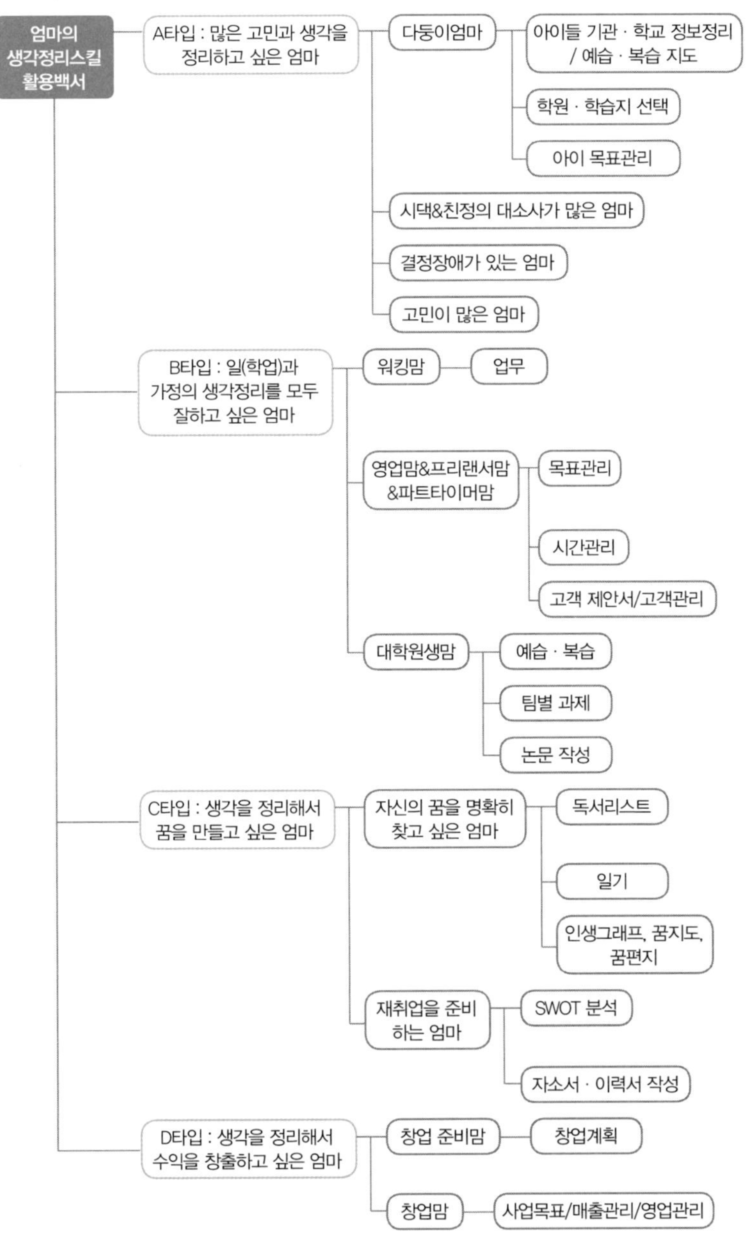
엄마의 생각정리스킬 활용백서
A타입 : 많은 고민과 생각을 정리하고 싶은 엄마
다둥이엄마
아이들 기관 · 학교 정보정리 / 예습 · 복습 지도
학원 · 학습지 선택
아이 목표관리
시댁&친정의 대소사가 많은 엄마
결정장애가 있는 엄마
고민이 많은 엄마
B타입 : 일(학업)과 가정의 생각정리를 모두 잘하고 싶은 엄마
워킹맘
업무
영업맘&프리랜서맘 &파트타이머맘
목표관리
시간관리
고객 제안서/고객관리
대학원생맘
예습 · 복습
팀별 과제
논문 작성
C타입 : 생각을 정리해서 꿈을 만들고 싶은 엄마
자신의 꿈을 명확히 찾고 싶은 엄마
독서리스트
일기
인생그래프, 꿈지도, 꿈편지
재취업을 준비 하는 엄마
SWOT 분석
자소서 · 이력서 작성
D타입 : 생각을 정리해서 수익을 창출하고 싶은 엄마
창업 준비맘
창업계획
창업맘
사업목표/매출관리/영업관리

03

왜
엄마의 생각정리스킬인가?

모든 문제의 근원은 'Why'에 대한 답을 찾는 데서 출발한다. 그렇다면 우리 엄마들에게 생각정리스킬이 왜 필요한 걸까?

엄마 자신을 알기 위해서다

어쩌다 엄마가 되고, 내 이름 석 자는 온데간데없어졌다. 우리는 엄마이기 전에 한 사람이다. 엄마로 살면서도 한편으로는 나 자신을 잃지 않기 위해 부단한 노력을 게을리하지 않아야 한다. 그리고 그 노력의 시작은 내 생각을 정리하는 것에서부터 출발한다.

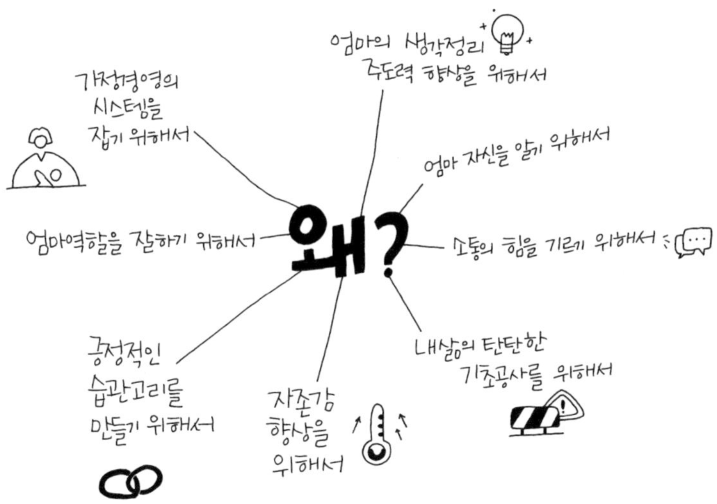

소통의 힘을 기르기 위해서다

소통의 출발은 내 생각을 명쾌하게 정리하는 데 있다. 엄마가 생각정리를 하면 자신과의 소통은 물론이고, 아이·가족·타인과 '통'하는 힘을 길러준다.

내 삶의 탄탄한 기초공사를 위해서다

기초공사가 탄탄하게 되어 있지 않으면 아무리 외관이 현란한 건물이어도 의미가 없다. 내 삶의 탄탄한 기초공사는 생각정리에서 비롯된다. 명문대 졸업에 당당한 전문직 여성, 소싯적에 잘 나가던 커리

어우먼이 쌓아왔던 노력의 결과물이라도 아이가 태어나는 순간 대부분 무너지게 된다. 경력단절여성이, 진로 변경을 원하는 워킹맘이 내 삶의 기초공사를 다시 시작해야 하는 시점에서 가장 필요한 기술이 바로 생각정리스킬이다.

감정을 정리하기 위해서다

1983년 미국 버클리대의 알리 러셀 혹스차일드 교수는 직업적으로 원래의 감정을 숨긴 채 얼굴 표정을 짓거나 행동을 해야 하는 것을 '감정노동'이라는 단어로 처음 개념화시켰다. 엄마로 살아가며 우리는 종종 감정적 부조화, 즉 '느끼는 감정'과 '표현하는 감정'이 일치하지 않는 현상을 경험하게 되고, 이로 인한 스트레스를 쌓은 채 살아가고 있다. 그렇다고 아이에게 내가 느끼는 감정 그대로 다 표현할 수도 없으니 속으로는 미치고 환장할 노릇인 때가 적지 않다. 이럴 때 내 머릿속의 생각을 꺼내 정리하는 것만으로도 어느 정도 감정을 표현하고 정리하는 데 도움이 된다.

여기서 더 나아가 엄마 자신이 정리하고 싶은 주제로 생각정리를 하고 글을 쓰는 과정을 통해 엄마의 해묵은 감정까지도 정리할 수 있다. 생각정리와 글쓰기에는 그만큼 치유의 힘이 있다. 그런 과정이 반복되면 엄마는 스스로 자신의 감정과 상황을 관찰하고, 관찰한 바를 이야기하며 느낌과 욕구·부탁을 바탕으로 솔직한 감정 표현을 할 수 있게 된다. 예를 들어 쌍둥이 아들 둘(재현, 재진)이 소파 위로 올라가 뛰어내리는 것을 봤을 때 이렇게 말할 수 있다.

"엄마는 재현이와 재진이가 소파 위로 올라가서 뛰어내리는 모습을 봤을 때(관찰) 너희 둘의 모습을 보는 순간 걱정이 됐어.(느낌) 엄마는 너희 둘이 안전하게 노는 게 더 중요해.(욕구) 이제 우리 안전하면서도 재미있는 보드게임을 하고 놀아 볼까?(구체적인 행동 부탁)"

자존감 향상을 위해서다

정신과 전문의 윤홍균 저자는 『자존감 수업』에서 자존감의 3대 기본축을 '자기 효능감' '자기 조절감' '자기 안전감'이라고 말한다. 자세히 풀어보면 자기 효능감은 자신이 얼마나 쓸모 있는 사람인지 느끼는 것을 말하고, 자기 조절감은 자기 마음대로 하고 싶은 본능을 의미하며, 자기 안전감은 자존감의 바탕이 되는 안전하고 편안함을 느끼는 능력이다. 그런데 현실은 아이와 남편 뒷바라지에 엄마 자신은 뒷전으로 밀려나 자존감의 3대 기본축과는 완전히 동떨어진 삶을 살고 있다. 오로지 느는 것이라고는 머릿속의 복잡다단한 생각으로 인한 고민과 걱정뿐이다. 이때 머릿속 생각을 끄집어내고 정리하는 과정을 반복하면 자존감의 3대 기본축이 올라가면서 자존감이 조금씩 향상됨을 느낄 수 있을 것이다. 엄마의 자존감이 올라가면 아이의 자존감 향상은 덤이다.

긍정적인 습관 고리를 만들기 위해서다

듀크대학교 연구진이 2006년 발표한 논문에 따르면, 우리가 매일 하는 행동의 40%가 의사결정의 결과가 아니라 습관 때문이라고 한다. 따라서 긍정적인 습관 고리의 시작은 엄마의 생각정리습관으로부터 출발할 수 있고, 독서나 글쓰기·운동·정리정돈·일기쓰기 등 삶의 다른 핵심습관에 영향을 끼칠 수 있다.

엄마 역할을 잘하기 위해서다

육아는 경영이고, 엄마는 한 가정의 CEO다. 내 한 몸 건사하기도 힘든 삶을 살다가 엄마가 된 우리들은 매일 아이와 남편, 시댁, 친정 등의 크고 작은 결정의 상황에 맞닥뜨리며 다양한 의사결정을 해야 한다. 다양한 선택지를 볼 수 있는 넓은 안목, 빠르고 합리적인 선택의 바탕이 되는 통찰력과 사고의 틀을 만드는 과정은 생각정리스킬을 통한 생각정리가 바탕이 되어야 한다.

가정경영의 시스템을 잡기 위해서다

집안일은 해도 해도 티도 나지 않고, 이렇다 할 시스템도 없어 주먹구구식으로 운영할 수밖에 없다. 이런 점이 엄마들의 스트레스를 더 가중시키고, 머리와 마음을 복잡하게 만드는 요인이 되기도 한다. 이때 생각정리스킬이라는 강력한 도구는 가정경영의 생생한 시각화를 통해 기초적인 시스템을 잡아주며, 완성된 하나의 틀은 가정의 다른 부분에까지 영향을 미쳐 가정경영의 전반적인 탁월성까지도 높여줄 것이다.

엄마의 생각정리 주도력 향상을 위해서다

엄마의 향상된 생각정리력으로 만들어진 생각정리 주도력은 아이의 생각정리력에 영향을 미친다. 엄마가 생각을 정리해야 아이가 스스로 생각을 정리할 수 있다.

엄마의 생각이 명쾌해져야 아이의 생각이 명확해지고, 집안까지 말끔해진다. 엄마의 생각정리스킬은 우리 엄마들이 꼭 배우고 익혀야 하며, 부단히 갈고 닦아야 하는 삶의 필수능력임을 다시 한 번 기억하자.

엄마의 생각정리, 연습하면 누구나 잘할 수 있다

생각정리엄마의 4단계 체크리스트

당신의 생각정리력의 수준은 어느 단계일까? 다음의 체크리스트를 통해 점검해 보자.

(1) 생각정리 수습생 엄마 (YES 문항이 2개 이하)

생각정리에 도통 관심이 없는 엄마다. 생각정리스킬이 나에게 꼭 필요한 기술임을 깨닫는 것이 급선무다. 생각정리의 기본부터 차근차근 익혀 나가면서 재미를 느껴야 한다. 생각정리 수습생 엄마에게 중요한 것은 꾸준함을 통해 생각을 정리하는 데 흥미를 높이는 것이다.

〈생각정리력 체크리스트〉

	문항	YES	NO
사고 측면	1. 머릿속이 심플하다		
	2. 정보의 핵심을 잘 파악한다		
	3. 논리적으로 생각한다		
	4. 명확한 문제해결 프로세스가 있다		
행동 측면	1. 집안일 처리속도가 빠르고, 집안이 잘 정돈되어 있다		
	2. 물건을 찾는데 시간을 낭비하지 않는다		
	3. 할 일을 미루지 않고 생각나는 대로 즉시 한다		
	4. 빠르고 합리적인 선택을 한다		
	5. 계획하고 행동한다		
	6. 결론부터 조리있게 말한다		
	7. 아이의 감정을 적절하게 읽어주고, 공감 어린 대화를 한다		
	8. 생각정리 도구를 활용해 생각을 정리하는 습관이 있다		
	9. 이루고 싶은 나의 꿈이 있다		
	10. 꿈을 이루기 위해 긍정적인 습관을 반복하고 행동한다		

(2) 생각정리 기능공 엄마 (YES 문항이 4개 이상)

생각정리에 관심은 있지만 생각정리 원리와 방법, 도구에 대해 잘 모른다. 생각정리스킬의 A부터 Z까지 차근차근 배우면 잘할 수 있는 엄마다.

(3) 생각정리 숙련공 엄마 (YES 문항이 7개 이상)

생각정리에 관심이 많은 엄마다. 생각정리 원리와 기본적인 방법, 생각정리 도구의 기초적인 사용이 가능하다. 조금 더 생각정리에 대해 배우고 연습하면 생각정리능력이 일취월장할 수 있는 엄마다.

(4) 생각정리 달인 엄마 (YES 문항이 10개 이상)

생각정리의 심화 원리와 방법, 생각정리 도구의 능수능란한 활용까지 가능한 엄마다. 이런 엄마들은 자신만의 콘텐츠를 만들어 전문가의 반열에도 오를 수 있다.

생각정리의 달인이 되는 그날까지

철옹성처럼 절대 무너지지 않을 것 같던 '육아의 성'도 아이 생후 100일을 기점으로 조금씩 무너지기 시작했다. 어렵고 버겁기만 했던 엄마 노릇도 '익숙'이라는 단어가 스멀스멀 자리를 잡더니 무려 육아가 재미있어지기 시작했다. 재미와 자신감이 오르니 걱정은 쏙 들어갔다. 독박육아로 모든 일들을 해낼 수밖에 없는 현실을 감당해 내다보니 나만의 육아방식과 패턴을 만들어 냈고, 그에 걸맞은 '엄마력'이 생겼다.

생각정리 또한 마찬가지다. 처음에는 '아이들 때문에 바빠서 생각할 시간도 없는 내가 무슨 생각을 정리씩이나…' '생각을 정리하려니 방법도 모르겠고 어려울 것 같다'는 엄마들의 반응이 대부분일 것이다.

하지만 나의 경우 책을 통해 열심히 공부하고 해당 강의를 찾아 듣고 난 후 생각정리력의 차이가 꽤 커졌다. 다음 그림을 보면 위 좌측부터 시작하여 아래 우측까지 입문과정부터 심화과정 중에 수행한 마인드맵 미션이다. 처음에는 디지털 마인드맵인 알마인드 사용이 생소하고 어려워 손으로 마인드맵을 그려 과제를 제출했지만 꾸준한

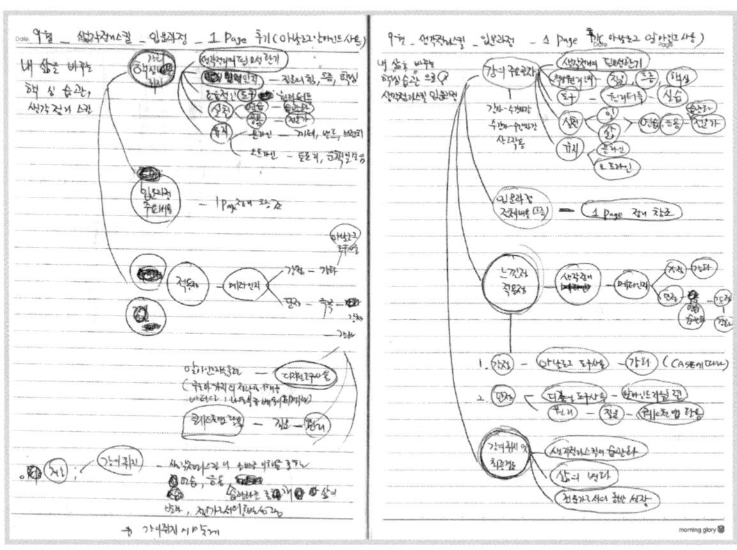

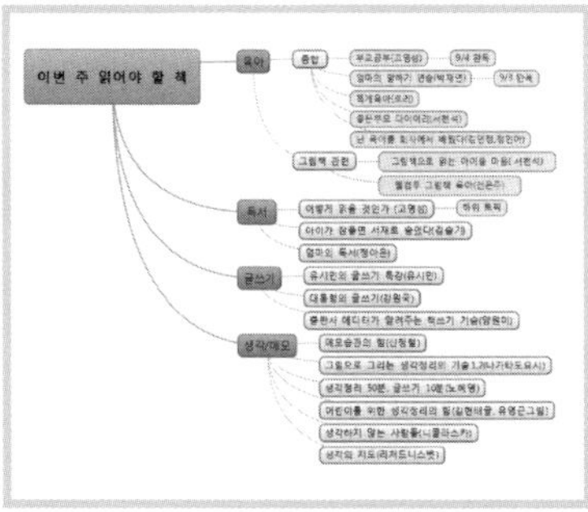

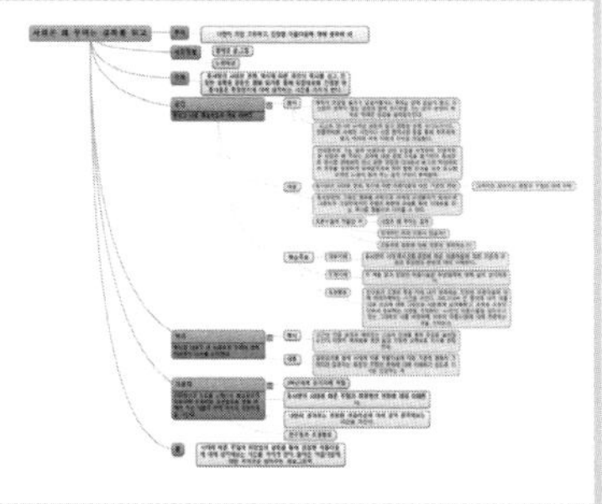

연습 끝에 이제는 자유자재로 생각정리스킬을 구사하게 되었고, 지금은 이렇게 책까지 쓰게 되었다.

처음부터 자신 없어도 된다. 하면서 배우면 된다는 마음을 가져보자. 아리스토텔레스도 이렇게 말했다.

"우리가 배워야만 할 수 있는 것들을 우리는 하면서 배운다. 예를 들어 우리는 건축을 함으로써 건축가가 되고, 리라를 연주하면서 리라 연주자가 된다. 마찬가지로 우리는 의로운 행동을 하면서 의로운 사람이 되고, 온화한 행동을 하면서 온화한 사람이 되고, 용감한 일을 하면서 용감한 사람이 된다."

또한 '전망이론'으로 노벨경제학상을 수상한 최초의 심리학자인 대니엘 카너먼은 『생각에 대한 생각』에서 "인간의 뇌는 원래 익숙하고 잘하는 일을 할 때는 '자동시스템'이, 처음하는 일이라 익숙하지 않고 서툰 일을 할 때는 '숙고시스템'이 작동한다."고 말했다. 그리고 그 비율은 자동시스템이 95%이고, 숙고시스템은 5%에 불과하며, 자동시스템의 오류를 숙고시스템으로 바꾸는 비법은 다름 아닌 끊임없는 반복훈련에 있다고 주장한다.

육아도, 생각정리도 처음부터 완벽히 잘할 수는 없다. 엄마의 생각정리도 기술이다. 적절한 원리와 도구를 가지고 꾸준히 훈련하다 보면 나만의 방식과 패턴을 만들어 낼 수 있고, 나날이 생각정리능력이 향상됨을 피부로 느낄 수 있을 것이다. 또한 생각을 정리해서 경지에 이를수록 기존의 생각은 새로운 차원의 생각으로 발전하면서 복잡했던 머릿속도 말끔하게 정리된다. 한발 더 나아가 인생의 핵심습관인 생각정리습관은 다른 핵심습관에도 영향을 미쳐 인생 전체의 변화를 가져올 수 있다.

매일 꾸준히 생각을 정리하는 습관을 들인다면 누구나 생각정리 달인의 경지에 도달할 수 있다. 모든 엄마들이 생각정리 달인이 되어 인생의 기적을 함께 체험할 그날을 꿈꿔본다.

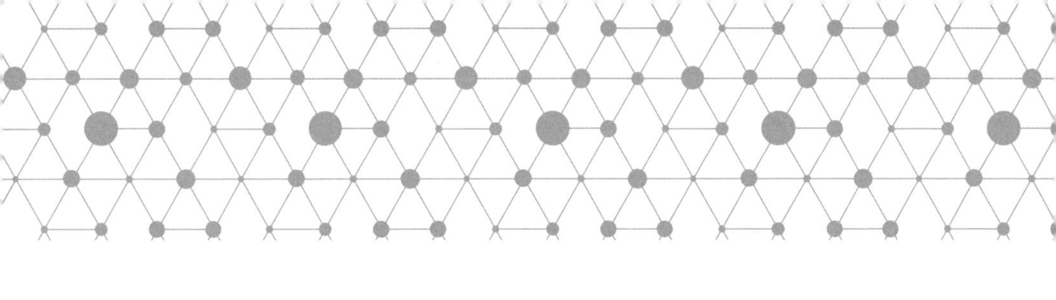

2장

엄마의 복잡한 머릿속, 어떻게 정리하면 좋을까?

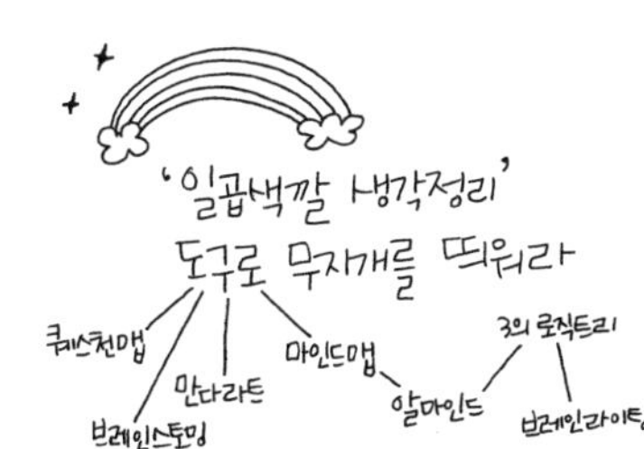

01

생각정리스킬, 로드맵을 챙겨 여행을 떠나보자

엄마의 생각정리스킬, 활용법

1장에서는 엄마의 복잡한 머릿속 창고를 우리 주변에서 흔히 볼 수 있는 두 엄마의 사례로 제시했다. 그리고 생각정리스킬이 왜 엄마들에게 필요한지, 필요하다면 구체적으로 어떤 엄마들에게 필요한지와 엄마의 생각정리 범위에 대해 다뤄봤다. 마지막으로 생각정리 달인의 경지는 꾸준히 연습하고 반복하면 누구나 도달할 수 있다는 내용이 1장에서 주로 다룬 내용이다.

2장에서는 복주환 저자의 『생각정리스킬』의 기본개념을 바탕으로 생각정리 원리와 생각정리 도구를 활용해서 엄마의 복잡한 머릿속을 어떻게 정리하면 좋을지에 대한 구체적인 방법을 다룰 것이다.

3~5장은 이 책의 핵심이 되는 부분이다. 생각정리스킬의 원리와

도구를 적용하여 엄마의 삶을 경영하는 방법과 아이의 미래를 디자인하는 방법, 가정의 시스템을 만드는 근본 취지와 방법에 대해 다양한 사례와 함께 구체적으로 제시한다.

1장부터 2장까지는 순서대로 읽기를 권하고, 3장부터는 내용을 살펴보고 필요한 부분부터 읽어도 무방하다.

엄마의 복잡한 머릿속, 어떻게 정리하면 좋을까?(2장)

(1) 생각정리스킬, 로드맵을 챙겨 여행을 떠나보자

'엄마의 생각정리스킬' 여정을 떠나기 전 꼭 알아야 할 생각정리 로드맵을 제시하는 장이다.

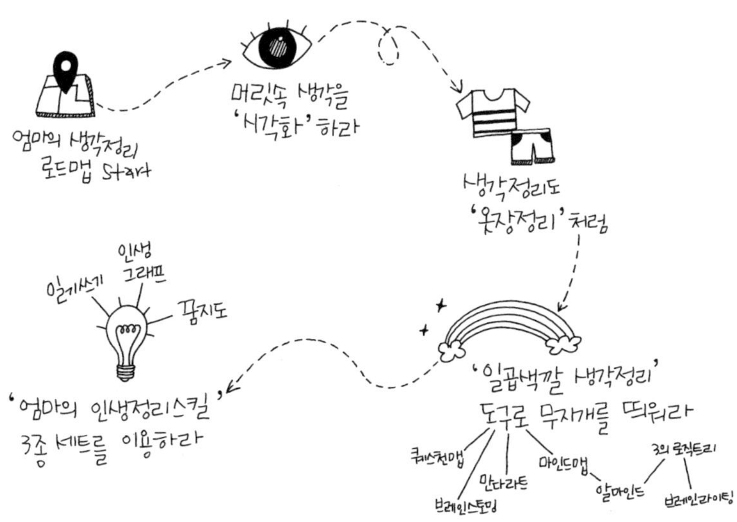

(2) 머릿속 생각을 시각화하라

단순히 머릿속에만 머문 생각은 잡생각에 불과하다. 머릿속의 생각을 꺼내어 단순히 그려보기만 해도 생각이 정리되고, 새로운 생각을 불러올 수 있다. 더 나아가 삶 전체가 긍정적으로 변화되는 차원까지 체험할 수 있을 것이다. 그 출발은 다름 아닌 생각의 시각화에 있다. 머릿속의 생각을 시각화하는 방법과 생각을 시각화하면 어떤 이점이 있는지, 그리고 시각화하지 않았을 때와 비교해 어떤 효과가 있는지에 대해 알아본다.

(3) 생각정리도 옷장정리처럼

전두엽이 좋아하는 생각정리 원리 3가지에 대해 사례와 함께 알기 쉽게 설명한다. 그리고 육하원칙을 이용해 질문하고 답하며, 질문으로 생각을 확장하고 정리하는 방법에 대해 소개한다.

- 우뇌로 발산하고 좌뇌로 수렴하라
- 나열하고 분류하고 배열하라
- 질문으로 생각을 확장하고 정리하라

(4) 일곱색깔 생각정리 도구로 무지개를 띄워라

300개가 넘는 생각정리 도구 중에서 엄마들이 꼭 알아야 할 7개의 도구를 예시와 함께 소개한다. 종류가 너무 많아도 복잡하고, 너무 적어도 목적과 용도에 맞는 생각을 정리할 수 없다. 300개가 넘는 생각정리 도구 중에서 7가지를 선택한 이유다. 적재적소에 맞게 생각정리 도구를 잘 활용했으면 하는 바람이다.

- 퀘스천맵
- 만다라트
- 마인드맵
- 디지털 마인드맵(알마인드)
- 3의 로직트리
- 브레인스토밍
- 브레인라이팅(침묵의 브레인스토밍)

(5) 엄마의 인생정리스킬 3종 세트를 이용하라

복주환 저자의 『생각정리스킬』에서 소개하는 인생정리스킬 3종 세트는 일기쓰기, 인생그래프, 버킷리스트다. 그리고 『엄마의 생각정리스킬』에서 소개하는 인생정리스킬 3종 세트는 '일기쓰기' '인생그래프' '꿈지도'다. 나만의 꿈으로 가는 구체적인 이정표가 될 것이다.

- 일기쓰기
- 인생그래프
- 꿈지도

생각정리스킬로 엄마의 삶을 경영하다(3장)

나의 인생을 돌아보고 미래를 설계하는 인생그래프와 생생하게 꿈꾸고 꿈을 향한 강력한 동기부여의 역할이 되어줄 꿈지도와 꿈편지, 그리고 단순히 꿈을 이루자는 막연한 주장이 아닌 꿈을 이루는 구체적

방법을 6가지 생각정리하루습관을 통해 제시한다. 더도 덜도 말고 딱 66일만 생각정리하루습관을 꾸준히 반복하며 매일 조금씩 더 나은 하루를 위해 노력한다면 꿈은 어느새 현실이 되어있는 기적을 체험하게 될 것이다.

생각정리스킬로 아이의 미래를 디자인하다(4장)

엄마의 생각정리 주도력이 우리 아이의 생각정리력에 어떤 영향을 미치는지 아는 것에서부터 시작한다. 그 다음으로는 생각정리스킬을 아이들에게 맞게 적용해 아이의 생각정리스킬 로드맵을 그려보고, 아이의 생각정리 원리와 도구에 대해 살펴본다.

또한 생각정리스킬을 학습에 활용하는 방법과 최근 그 중요성이 날로 더해지고 있는 아이의 3대 역량인 읽기·쓰기·말하기를 생각정리스킬로 향상시키는 방법에 대해 다룬다.

4장의 마지막은 생각정리스킬을 활용한 우리 아이의 진로지도와 꿈을 이루는 구체적 실천방법인 꿈지도와 꿈편지, 엄마와 함께하는 아이의 6가지 생각정리하루습관의 구체적 방법을 제시한다.

엄마의 생각이 커지면 아이의 생각이 커지고, 엄마의 꿈이 자라면 아이의 꿈도 자랄 것이다.

생각정리스킬로 가정의 시스템을 만들다(5장)

마지막 5장에서는 생각정리스킬을 활용한 집안관리, 재무관리, 일상관리, 목표관리, 가족밴드관리 운영스킬에 대해 다룬다.

이제 이 책의 전체적인 그림이 그려졌는가? 그렇다면 이 로드맵을 가지고 본격적인 '엄마의 생각정리스킬' 향상을 위한 여행을 떠나보자.

02

머릿속 생각을 시각화하라

사물인터넷과 인공지능으로 대표되는 IT 기술은 하루가 다르게 빠른 속도로 발전하며 '스마트(smart)'한 세상이 되었지만 디지털 기기에 종속된 우리의 사고방식은 이와는 정반대로 '스튜핏(stupid)'해지고 있다. 『생각하지 않는 사람들』의 저자인 니콜라스 카는 우리가 인터넷 서핑을 하며 정보를 찾고 넘기고 스캔하는 동안 이를 관장하는 신경회로는 강화되는 반면, 깊이 사고하고 분석하고 통찰하는 능력은 감소되고 있다고 말한다. 반대로 생각해 보면 스마트한 세상에서 살아남기 위해서는 깊이 사고하고 분석하고 통찰하는 능력을 키워야 한다는 의미다. 즉, 다른 능력보다 생각정리력이 더욱 중요해진 시대가 된 것이다.

당신을 움직이게 하고 싶다면 머릿속 생각을 시각화하라

어느 날 여자친구가 남자친구에게 '나에게 일어난 멋진 일들'이라는 글귀가 적힌 투명한 병을 선물하며 이렇게 말한다.

"팀, 당신에게 좋은 일들이 일어날 때마다 종이에 적어서 여기에 넣어 봐요."

선물을 받은 팀은 처음에는 심드렁했다. 하지만 여자친구의 선물이니 성의를 생각해서라도 좋은 일이 생길 때마다 그 내용을 종이에 적어 병에 넣기 시작한다. 그리고 얼마 후 그의 일상은 활기에 넘치기 시작했다.

팀 페리스의 저서 『타이탄의 도구들』에 나오는 이야기다. 이 책에 등장하는 타이탄들이 활기에 찬 일상을 누리고, 행복한 인생을 살게 된 비결은 다름 아닌 '생각의 시각화'라고 말하고 있다.

생각을 정리하기 위해 가장 먼저 해야 하는 것이 바로 '생각의 시각화'다. 긍정적인 생각이든 부정적인 생각이든 내 머릿속에만 넣어둘 것이 아니라 생각을 꺼내어 그림을 그리듯 시각화해 보자. 어렵게 생각하지 말고 종이나 컴퓨터에 자유롭게 적어보자는 말이다. 그리고 3장에서 이어질 내용이지만 생각의 꼬리에 꼬리를 물어 생각을 자유롭게 나열하고 분류하고 배열하여 적절한 생각정리 도구에 넣는 과정을 통해 생각을 정리해야 한다.

당신의 생각을 시각화해야 하는 이유

생각을 시각화하면 이런 장점이 있다.

- 모호한 생각을 분명하게 표현할 수 있다.
- 많은 양의 생각을 한눈에 볼 수 있다.
- 복잡한 생각을 꺼내어 눈으로 보듯 생생하게 구체화시킬 수 있다.
- 생각의 시각화로 인해 생각의 또 다른 통찰점을 찾을 수 있다.
- 다른 사람에게 생각의 통찰점을 공유하는 데도 효과적이다.
- 생각만 하던 미래의 모습을 시각화함으로써 구체적인 꿈을 꾸고, 실현력을 높일 수 있다.

생각을 시각화하고 정리하는 것만으로도 애매함과 모호함은 명확함으로, 문제점은 해결방안으로, 고민과 걱정은 기대로, 비관적인 생각은 긍정적이고 건설적인 생각으로 바뀔 수 있다. 부정적인 삶에서 긍정과 확신이 넘치는 삶을 살고 싶은 당신이라면 당신만의 생각을 정리해 넣을 투명하고 예쁜 병을 스스로에게 선물해 보자. 생각의 시각화, 당신을 움직이게 만들어 활기찬 인생을 살아가게 해주는 원동력이 될 것이다.

03

생각정리도 옷장정리처럼

당신은 옷장을 정리할 때 어떤 순서로 하는가? 우선 옷장에 있는 옷을 모두 꺼낸 후 지금 나에게 필요하고 입을 수 있는 옷인지 먼저 파악할 것이다. 그리고 필요없는 것은 따로 골라내어 옷장정리가 모두 끝난 후에 버리거나 중고카페나 홈벼룩에서 팔거나 아니면 동네 맘카페나 필요한 사람에게 나눔을 할 것이다.

그리고 필요없는 옷을 뺀 나머지 나와 우리 가족에게 필요한 옷은 전부 펼쳐서 '나열'한다. 다음으로 가족별·계절별·용도별로 '분류'한 후 분류 작업이 끝나면 적절한 수납도구와 수납방법을 이용해 예쁘게 '배열'하는 순서로 옷장을 정리할 것이다.

엄마의 생각정리 원리도 우리가 옷장을 정리하는 원리와 유사하다. 전두엽이 좋아하는 생각정리의 원리 3가지는 다음과 같다.

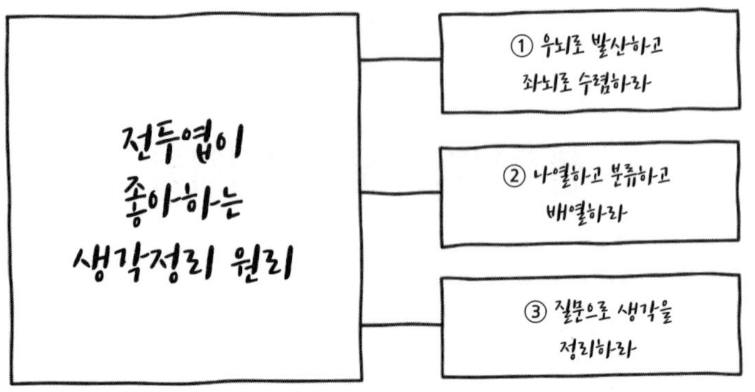

우뇌로 발산하고 좌뇌로 수렴하라

그동안 우리가 생각을 잘 정리하지 못했던 가장 큰 이유는 두서없이 생각을 정리하려고 했기 때문이다. 사실 처음부터 생각을 정리하려고 하면 잘 정리되지 않거나 두서없이 정리하게 된다.

생각정리를 잘하려면 일단 머릿속에 있는 생각부터 자유롭게 끄집어내는데 중점을 둬야 한다. 생각정리의 기본은 '발산'에서 '수렴' 형태로 가는 것이라는 것을 기억하자. 처음에는 '질'보다 '양'으로 승부를 걸어야 한다. 많은 양의 생각을 머릿속에서 최대한 자유롭게 끄집어내고, 그 다음에 정리하겠다고 마음을 먹어보자.

나열하고 분류하고 배열하라(나분배)

우뇌로 생각을 모두 끄집어냈다면 좌뇌로 정리할 차례다. 생각정리는 생각을 '나열'하고 '분류'하고 '배열'하는 3단계로 이루어진다.

(1) 나열 – 머릿속 생각을 밖으로 빼내기

머릿속의 생각을 머리로만 정리하려면 정리가 되기는커녕 더 복잡해진다. 일단 머릿속 생각을 생각정리 도구에 끄집어내 보자.

예를 들어 '아이가 초등학교 입학 전에 준비해야 할 것'이라는 주제로 생각을 정리해 보자. 등교시간에 맞춰 일찍 깨우기, 배변 후 스스로 용변 처리하는 연습하기, 자기 물건에 이름 쓰는 습관 가지기, 젓가락질 연습, 식사예절 및 편식지도, 혼자서 등·하교 연습하기, 한글 떼기, 생각정리 연습, 예비소집일 확인, 예방접종 완료하기, 초등 입학 준비를 위한 부모교육 도서 읽기 등의 내용을 끄집어낼 수 있다.

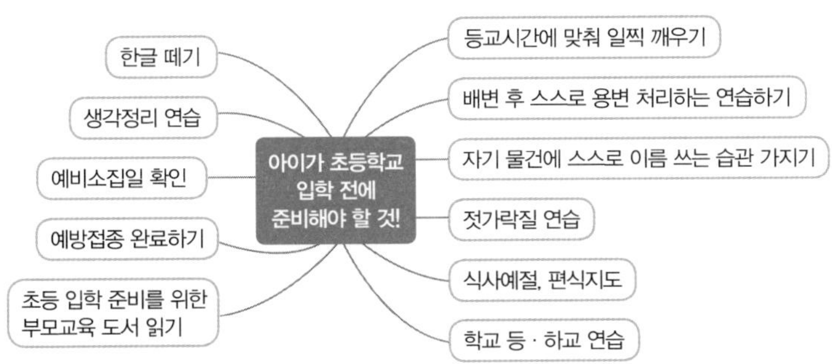

(2) 분류 – 생각을 정리하기

생각을 모두 나열했으면 이제 생각을 분류해 보자. '분류'의 사전적 정의는 일정한 기준에 따라 나누는 것을 말한다. 생각정리를 위한 분류에서는 분류의 기준을 잘 정하는 것이 중요하다. 분류의 기준이 바로 생각을 나누는 가지가 되기 때문이다. 생각 가지를 잘 분류해야 생각 나무가 올바로 뻗어나갈 수 있다.

위에서 나열된 항목을 분류해 보자. 나열된 내용을 살펴보니 행동의 주체가 아이와 부모로 나뉜다. 그 다음 분류 기준은 행동의 내용

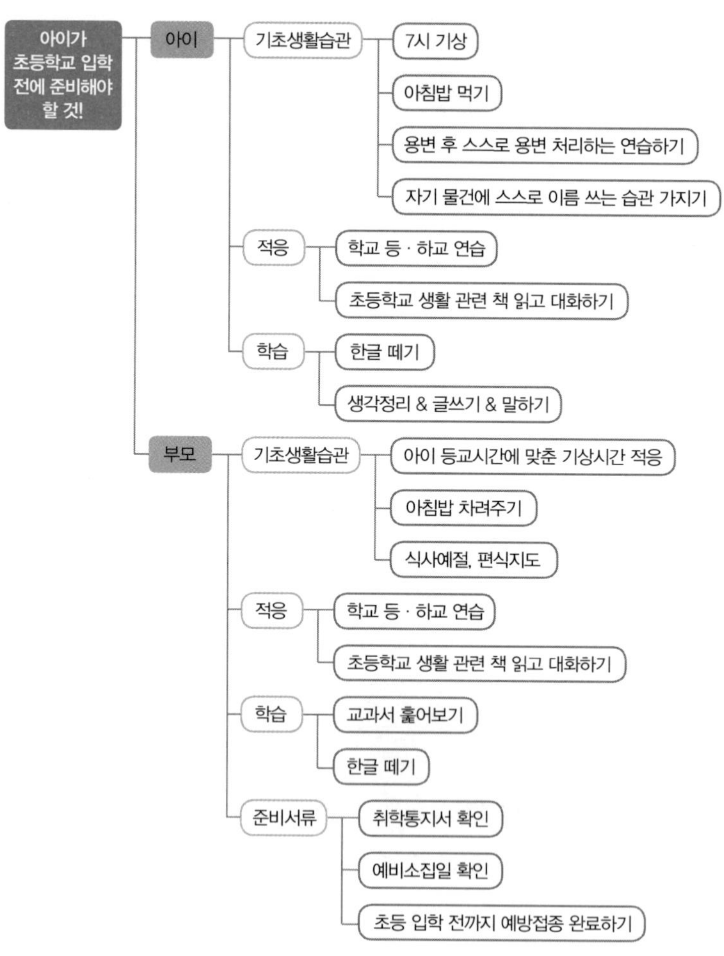

으로 나누어 볼 수 있다. 이렇게 분류 기준을 파악했으면 행동의 주체 → 행동의 내용 순으로 정리해 보자.

(3) 배열 – 생각의 우선순위 정하기

생각정리의 마지막 단계는 배열이다. 배열은 생각의 우선순위를 정

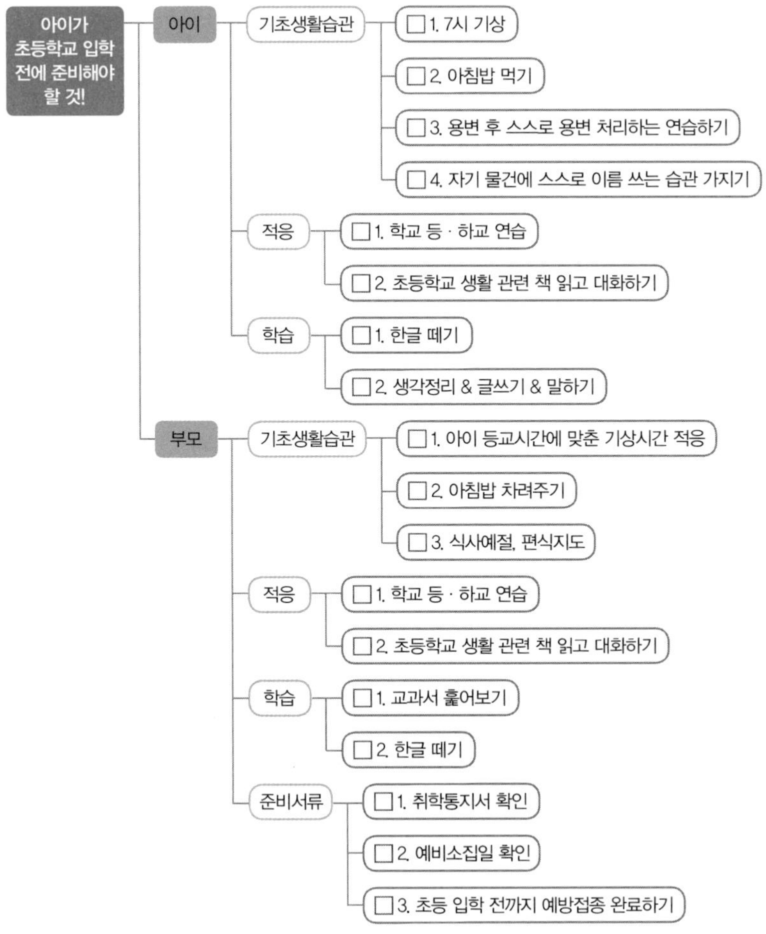

하는 것이다. 이 단계는 우리의 생각을 행동으로 바꿔줄 수 있는 가장 중요한 단계다. 우선순위에 따라 순위를 매기고 배열하고, 더 나아가 체크리스트를 꼭 만들어 보자. 체크리스트를 만들면 실행력을 높이는 데 도움이 된다.

생각정리의 나열 – 분류 – 배열의 원리는 모든 생각정리 도구에 적용된다. 충분히 나열되지 않은 생각은 머릿속에 생각의 파편을 남길 수 있다. 또한 체계적으로 분류되지 않은 생각은 다양한 생각의 가지로 뻗어나갈 수 없으며, 우선순위에 따라 배열되지 않은 생각은 행동으로 실천되지 않고 단순한 생각으로만 머물게 된다.

질문으로 생각을 확장하고 정리하라

생각은 곧 질문이다. 고로 생각정리의 달인이 되려면 질문을 잘해야 한다. 질문도 YES 또는 NO로 답할 수 있는 '닫힌 질문'이 아니라 나의 생각과 의미 등을 나만의 방식대로 자유롭게 말할 수 있는 '열린 질문'의 형태로 질문해야 더 많은 생각의 물꼬를 틀 수 있다.

그렇다면 질문은 어떻게 해야 잘 만들 수 있을까? 질문을 잘 만들려면 꼭 필요한 요소가 있다. 바로 5W1H, 즉 육하원칙이다. 육하원칙의 구성요소는 다음과 같다.

누가, 언제, 어디서, 무엇을, 어떻게, 왜

육하원칙을 바탕으로 꼬리에 꼬리를 물어 질문을 만들어 보고 답도 써보자. 다음은 많은 엄마들이 꿈꾸는 '아이들과 제주도에서 한 달 살기를 해보면 어떨까?'라는 질문에 육하원칙을 더해 질문에 질문을 만들어 본 것이다.

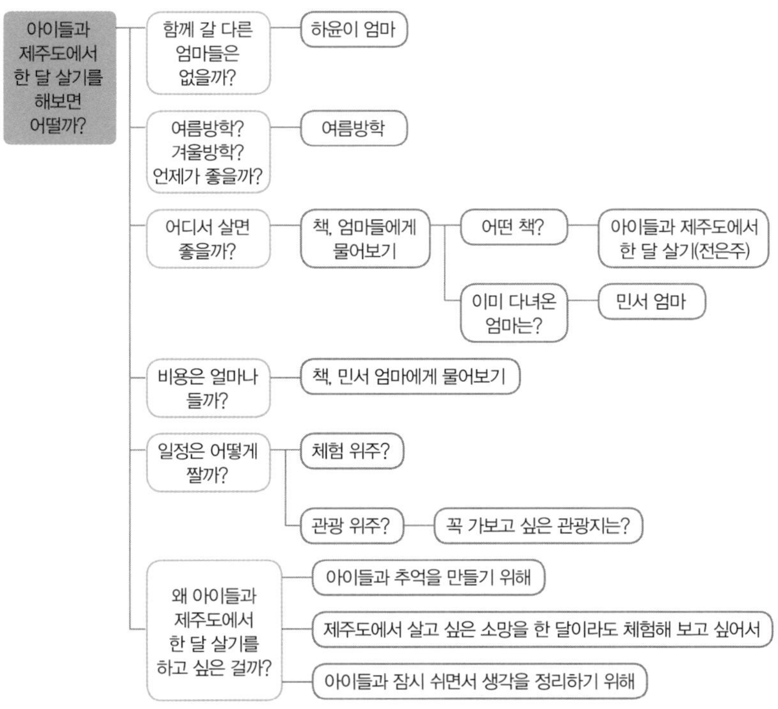

질문을 만드는 구체적인 공식이나 방법은 첫 번째 생각정리 도구인 퀘스천맵 편에서 자세하게 확인할 수 있다.

일곱색깔 생각정리 도구로 무지개를 띄워라

우리의 뇌는 누구나 끊임없이 생각장치를 가동하고 있다. 그런데 어떤 사람의 생각은 잘 정리되어 현실로 실현되고, 어떤 사람은 늘 생각만 하고 산다. 특히 아무리 좋은 생각을 가지고 있다 한들 정리되지 않은 생각은 잡생각에 불과하다. 여기서 좋은 생각이란 아이디어화되고, 현실의 크고 작은 문제를 풀 수 있으며, 현실에 적용가능하고, 유·무형의 상품이 될 수 있는 생각을 말한다.

좋은 생각을 만들기 위해서는 축적된 생각과 경험을 크기에 따라 나열하고 분류하고 배열할 수 있는 그릇이 필요하다. 바로 생각정리 도구다. 이 세상에 생각을 정리할 수 있는 도구가 몇 가지나 될 것 같은가? 10개?! 20개?! 아니다. 300개가 넘는다. 무려 300개가 넘는 생각정리 도구가 있다니 놀랍지 않은가?

300

이 책에는 여러 가지 생각정리 도구들 중에서 엄마들이 쉽게 활용할 수 있는 도구만 추려 담아 보았다.

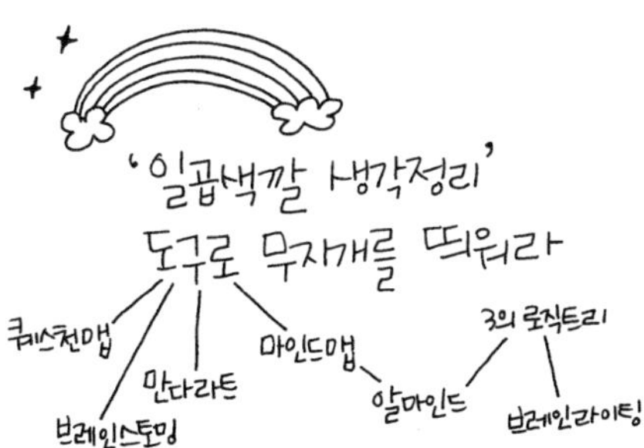

이 도구들은 상황과 목적에 따라 선택해서 사용가능하며, 쉽게 응용가능하다. 생각정리 도구가 많으면 오히려 복잡하기만 할 뿐이다. 엄마들이 주로 사용할만한 도구는 7가지면 충분하다. 중요한 것은 도구의 개수가 아니라 양질의 도구를 사용해 생각을 정리하고, 양질의 생각을 끌어내기 위한 것이라는 점을 기억하자.

생각정리 도구를 이용해 생각을 정리하면 이런 점이 좋다.

- 단순한 경험과 머릿속의 생각만으로 판단하는 것을 방지할 수 있다.
- 검토할 사항의 누락과 중복을 피해 생각을 정리할 수 있다.
- 생각을 정리하며 전체적인 그림을 그릴 수 있다.

• 내가 알고 모르는 것에 대한 정확한 판단이 가능해져 메타인지(metacognition)를 높일 수 있다.
• 중요하지 않은 일에 시간을 낭비하는 것을 방지할 수 있다.

(1) 퀘스천맵

퀘스천맵은 '질문의 지도(Question Map)'라는 뜻으로, 마인드맵과 브레인스토밍 등의 도구를 활용해도 근본적으로 생각정리가 잘되지 않는 문제점을 해결하기 위해 복주환 저자가 개발한 도구다. 질문의 구성요소인 육하원칙을 활용해 간단하게 생각을 확장시키고, 일목요연하게 정리할 수 있다는 장점이 있다. 아이의 학습도구, 아이디어 기획도구, 글쓰기 개요 작성 등 무궁무진하게 활용이 가능하다.

(2) 만다라트

만다라트(Mandalart)는 '본질(manda)'을 '소유하는(la)' '기술(art)', 즉 '목표를 달성하는 기술'이라는 뜻이다. 일본의 디자이너인 이마이즈 히로아키가 1987년에 고안했는데, 우주의 진리를 깨달은 최고의 경지를 도형화한 불교의 '만다라'라는 불화에서 영감을 얻은 것이라고 한다. 일본의 야구선수 오타니 쇼헤이가 성공의 비결로 만다라트를 꼽아 화제가 되기도 했다. 주로 목표달성을 위한 도구, 아이디어 발상도구로 사용되고 있다.

(3) 마인드맵

마인드맵은 영국의 토니 부잔이 개발한 대표적인 생각정리 도구로,

업무·학습·일상에서 다양하게 사용할 수 있으며, 읽고 생각하고 분석하고 기억하는 것들을 지도를 그리듯 생각을 정리하는 방법이다. 아날로그 마인드맵을 그리려면 빈 종이와 3색 볼펜을 준비한 후 종이의 방향은 가로로 놓고 가운데에 큰 동그라미를 그려 중심토픽을 쓴다. 중심토픽은 맵의 주제가 되는 생각이다. 그 다음으로는 주요토픽을 그리고 쓴다. 주요토픽은 중심토픽을 분류할 수 있는 핵심 키워드다. 이제 하위토픽을 그릴 차례다. 하위토픽이란 주요토픽에 대한 세부내용을 말한다. 이런 방식으로 꼬리에 꼬리를 물고 생각의 가지를 풍성하게 그려나간다.

(4) 디지털 마인드맵(알마인드)

보통은 생각정리 도구로 마인드맵을 많이 사용하는데, 편집과 저장이 어렵고 지면의 한계가 있다는 단점을 극복하기 위해 디지털 마인드맵이 개발되었다. 이 중 여기서 소개하는 알마인드(Almind)는 이스트소프트에서 개발한 디지털 마인드맵 프로그램이다. 알마인드를 사용하면 손으로 그리는 아날로그 마인드맵에서는 어려운 수정·이동·삭제 등 편집의 한계를 극복할 수 있다. 또한 이미지 삽입, 파일 첨부, 링크 등을 활용하여 디지털화된 마인드맵 문서를 작성할 수 있다. 완성된 문서는 텍스트 파일이나 MS-Office 형식으로 저장하거나 PDF·이미지 파일로도 변환할 수 있어 유용하게 사용할 수 있다. 참고로 알마인드 Lite 버전은 개인뿐만 아니라 기업, 공공기관에서도 무료로 사용할 수 있다는 장점이 있다.

(5) 3의 로직트리

3의 로직트리는 어떤 주제든 3가지로 요약하고 정리하는 것을 의미한다. 3의 로직트리를 활용해 생각을 정리하는 방법은 What tree, Why tree, How tree가 있으며, '3'이라는 마법의 숫자를 활용해 명쾌하게 생각을 정리할 수 있다. 주로 고민이나 문제를 해결할 때 활용하면 좋은 도구이다.

(6) 브레인스토밍

브레인스토밍은 '두뇌폭풍(brain storm)'이라는 뜻으로, 1930년 미국의 알렉스 오스본이 개발한 사고기법이다. 아이디어들이 확산되며 눈덩이 뭉쳐지듯 연쇄적으로 이어지기 때문에 '눈 굴리기(snow bowling)' 기법이라고도 한다. 아이와 함께 가족 모두가 모여 가족회의를 하거나 생각을 모으고 정리할 때 활용하는 것을 추천한다.

(7) 브레인라이팅(침묵의 브레인스토밍)

브레인라이팅은 1968년 독일의 베른트 로르바흐 교수가 브레인스토밍의 문제점을 극복하기 위해 창안했다. 브레인스토밍이 사람들이 모여 이야기하며 아이디어를 발상하는 방법이라면, 브레인라이팅은 조용하게 종이에 생각을 적어나가며 아이디어를 발상한다. 아이가 한글을 쓰지 못하고 말만 할 수 있는 경우에는 브레인스토밍을 권한다.

퀘스천맵

교육의 패러다임이 변했다. '듣는 교육'에서 '묻는 교육'으로, '교사가 일방적으로 학생을 가르치는 교육'에서 '교사와 학생의 소통이 이루어지는 교육' '학생이 주도하여 준비하고 토론하는 교육'으로, '하나의 정답'에서 '여러 가지 해답'이 있는 수업으로 바뀌었다. 이런 변화된 교육시스템의 흐름에 맞춰 우리 아이들이 잘 적응하기 위해서는 무엇보다 엄마의 '질문력'이 중요하다.

퀘스천맵

퀘스천맵은 '질문의 지도'라는 뜻으로, 질문의 원리에 의해 생각을 확장하고 정리하는 방법이다. 우선 본론으로 들어가기에 앞서 당신의 질문력을 테스트해 보자.

질문력 테스트 : '아이'라는 주제로 1분 동안 질문해 보기!

질문력 테스트 결과	
1~3개	질문력이 낮은 수준
4~6개	질문력이 보통인 수준
7~9개	질문력이 높은 수준
10개 이상	질문력이 매우 높은 수준

질문은 적극적인 생각이다

'질문'의 사전적 정의는 '알고자 하는 바를 얻고자 하는 물음'이다. 질문은 개인의 지식과 생각에서 비롯되는데, 이를 머릿속에만 머무르게 하는 것이 아니라 밖으로 표출시키는 적극적인 활동이다. 한창 아이들의 호기심이 폭발하는 시기인 6세인 우리 딸은 맨날 내 뒤꽁무니를 쫓아다니며 "왜, 왜, 왜?"라는 말을 달고 산다. 어찌나 질문이 많은지 대답하기가 버거울 정도다. 이렇게 선천적으로 타고난 우리의 순수한 호기심은 일방적인 주입식 교육에 의해 점차 그나마 남아있던 싹까지 잘려 나갔다. 궁금함을 참지 못해 질문하면 나대는 이미지로 찍히기 일쑤여서 그런지 질문하는 능력을 상실한 어른들이 대다수다.

EBS에서 방영했던 다큐 〈왜 우리는 대학에 가는가〉에서 한 대학생이 제작진과 사전협의를 한 후 대학 강의실로 들어가 수업시간에 참여했다. 그리고 그 학생이 수업 도중 교수에게 연신 질문 공세를 이어가는 모습을 연출한다. 아니나 다를까 대다수의 학생들이 의아해 하는 표정을 짓고, 얼굴을 찌뿌리는 모습을 쉽게 찾아 볼 수 있었다. 수업 후 다른 학생들에게 질문을 많이 한 학생에 대한 느낌을 인터뷰했다. 인터뷰한 모든 학생들의 반응은 "그 학생이 너무 나대는 느낌이었다" "수업시간에 그렇게 질문을 많이 하는 학생은 처음 봐서 거북하고 불편한 느낌이었다"라고 하나같이 말했다.

그렇다면 우리의 잃어버린 질문 능력을 되찾기 위한 뾰족한 방법은 없을까? 당연히 있다. 그 방법은 바로 질문 공식을 이용해 질문의 지도를 그려보는 것이다.

질문 공식

막상 질문을 하라고 할 때 막연하고 어렵게 느껴진다면 질문 공식이 당신의 질문력에 날개를 달아줄 것이다.

질문 = 주어 + 육하원칙 + 동사

예를 들어 전성수 저자의 『최고의 공부법 : 유대인 하브루타의 비밀』이라는 책에는 하브루타 수업방식의 하나인 '친구 가르치기'라는 수업을 소개하고 있는데, '친구 가르치기'라는 주어로 질문을 만들어 보자.

'친구 가르치기'는 무엇인가?
'친구 가르치기'는 언제 하는가?
'친구 가르치기'는 누가 하는가?
'친구 가르치기'는 어디서 하는가?
'친구 가르치기'는 어떤 준비가 필요할까?
'친구 가르치기'는 어떻게 하는 것인가?
'친구 가르치기'는 왜 해야 하는가?
'친구 가르치기'는 어떤 학교에서 하고 있을까?
'친구 가르치기'는 어떤 효과가 있을까?

질문 공식에서 가장 중요한 것은 주어는 고정시키고, 육하원칙과 동사만 바꾸어 질문을 던지는 것이다. 이렇게 하면 짧은 시간 동안 다양하면서도 많은 질문을 던질 수 있고, 더 나아가 창의적인 질문을 통해 질문 고수가 될 수 있다. 창의적인 질문 공식은 다음과 같다.

창의적인 질문 = 주어 + 주어 + 육하원칙 + 동사

(아이 주도 이유식을 위한) 스푼(주어) 이유식기(주어)는
어떻게(육하원칙) 만들(동사) 수 있을까?
스푼 이유식기는 어디서 만들 수 있을까?
스푼 이유식기는 얼마에 팔 수 있을까?
스푼 이유식기는 왜 만들어야 할까?
스푼 이유식기는 누가 만들 수 있을까?
스푼 이유식기는 어떤 아이들이 사용하면 좋을까?

(아이 양치독립을 위한) 치약(주어)을 품은 칫솔(주어)은
어떻게(육하원칙) 만들(동사) 수 있을까?
치약을 품은 칫솔은 누가 만들 수 있을까?
치약을 품은 칫솔은 어디서 만들 수 있을까?
치약을 품은 칫솔은 왜 만들어야 할까?
치약을 품은 칫솔은 어떻게 특허를 내야 할까?
치약을 품은 칫솔은 어떤 엄마들이 살까?

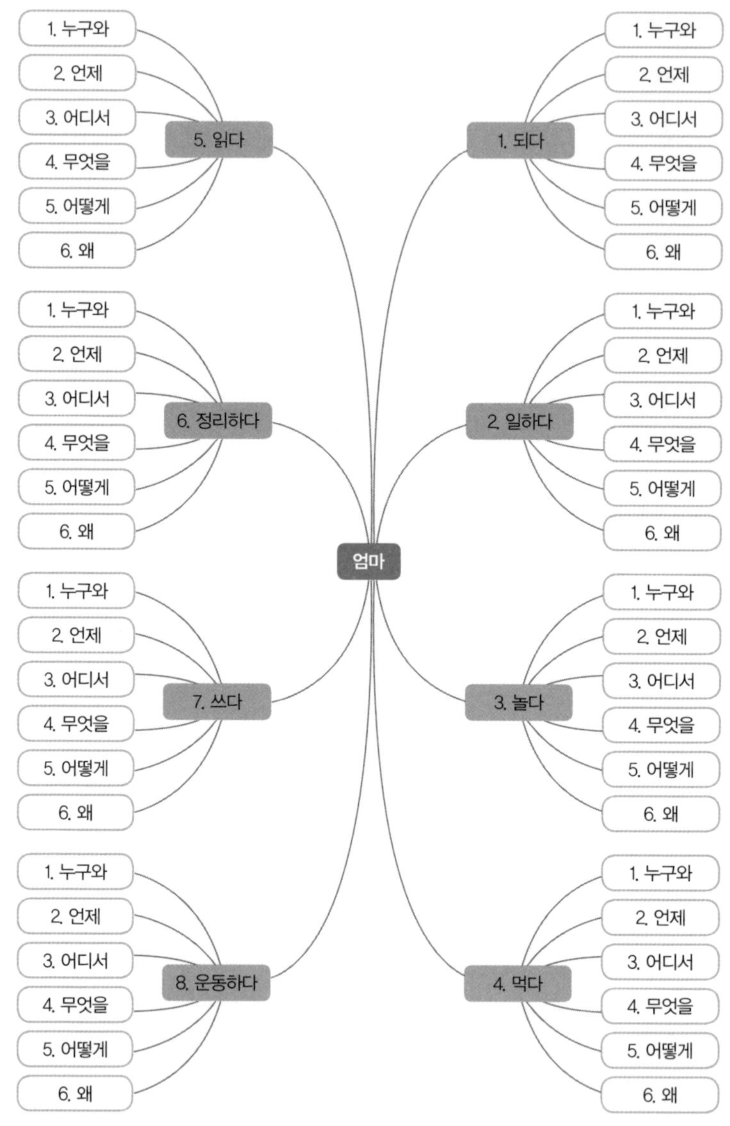
엄마
5. 읽다
1. 누구와
2. 언제
3. 어디서
4. 무엇을
5. 어떻게
6. 왜
1. 되다
1. 누구와
2. 언제
3. 어디서
4. 무엇을
5. 어떻게
6. 왜
6. 정리하다
1. 누구와
2. 언제
3. 어디서
4. 무엇을
5. 어떻게
6. 왜
2. 일하다
1. 누구와
2. 언제
3. 어디서
4. 무엇을
5. 어떻게
6. 왜
7. 쓰다
1. 누구와
2. 언제
3. 어디서
4. 무엇을
5. 어떻게
6. 왜
3. 놀다
1. 누구와
2. 언제
3. 어디서
4. 무엇을
5. 어떻게
6. 왜
8. 운동하다
1. 누구와
2. 언제
3. 어디서
4. 무엇을
5. 어떻게
6. 왜
4. 먹다
1. 누구와
2. 언제
3. 어디서
4. 무엇을
5. 어떻게
6. 왜

유대인의 경전인 토라에는 '너의 자녀를 부지런히 가르치라'고 써여 있다. 유대인들은 자녀를 가르치는 때를 뱃속에 태아를 잉태할 때부터라고 자연스럽게 생각한다고 한다. 따라서 태교의 핵심은 산모와 태아가 끊임없이 이야기를 나누는 것이다. 자녀가 태어나서도 자녀와 부모가 함께 공부하는 것은 유대인들의 일상이며, 그 방법은 '아이와 꼬리에 꼬리를 물고 질문하며 이야기를 나누는 것' 그 이상의 방법은 없다고 말한다.

질문 공식으로 퀘스천맵 그리기

질문 공식에 따라 쉽고 빠르게 다양한 질문을 만들며 마인드맵으로 퀘스천맵을 그려보자. 여기서 꼭 염두에 두어야 할 점은 '퀘스천맵'은 많은 질문을 만드는데 주 목적이 있는 것이 아니라 질문을 확장시키며 더 많은 답을 찾아가는 과정이라는 점을 기억하자.

질문을 해야 삶의 질적인 도약을 꿈꿀 수 있다. 질문이 없는 삶이 계속된다면 우리 삶의 모습은 늘 매한가지일 것이다. 나 스스로와 아이에게, 그리고 일상의 모든 것들에 대해 질문하는 습관을 가져보자. 질문하는 능력은 우리를 생각정리 능력자로 만들어 주는 것은 물론이고 우리를 새로운 인생의 관문으로 초대하는 초석이 되어줄 것이다.

만다라트

만다라트는 아이디어를 발상하며 생각을 정리하는 생각정리 도구인 브레인스토밍 기법과 유사하다. 목표를 달성하기 위한 계획을 세울 때, 다양하면서도 참신한 아이디어를 발상할 때, 결정장애가 왔을 때 등 효율적인 의사결정을 위해 사용하면 효과적인 도구다. 7가지 생각정리 도구 중 엄마들이 가장 사용하기 편하고 쉬운 도구이기도 하고, 활용도가 높은 도구이다.

만다라트의 4가지 장점

만다라트의 첫 번째 장점은 총 81칸의 사각형을 이용해 한 페이지로 내용을 볼 수 있다는 것이다. 복주환 저자의 『생각정리스킬』 맨 앞장

한 장으로 마스터하는 생각정리 스킬								
복잡한 인생	어쩌면 당신의 이야기	모두에게 필요한 생각정리	생각정리 잘하는 법	생각의 시각화	두뇌 활동	생각정리 로드맵	생각정리 활용법	당신에게 필요한 생각도구
생각정리 강연회	**1장 필요성**	생각 업그레이드	전두엽	**2장 원리**	생각 정리 도구	만다라트	**3장 생각정리**	목표달성 기술
생각정리 스킬이 있는사람	생각정리 기술	집행력 향상비법	우뇌발산 좌뇌정리	나열 분류 배열	질문 확장 정리	결정장애 증후군	마인드맵	3의 로직트리
기획이란 생각정리	기획과 계획	니즈와 원츠	1장 필요성	2장 원리	3장 생각정리	독서 전 독서	기억에 남지 않는 이유	제목 속에 답이 있다
문제해결	**4장 기획**	브레인 스토밍	4장 기획	**생각 정리 스킬**	5장 독서	독서 중 독서	**5장 독서**	목차의 구성을 기억하라
브레인 라이팅	퀘스천맵	한 페이지 기획서	6장 스피치	7장 인생	추천 Tool	독서 후 독서	여백에 생각을 정리하라	독서리스트 작성
스피치가 두려운 당신	메라비언 법칙은 오해다	스피치 생각정리 프로세스	다이어리	일기쓰기 실패 이유	과거 추억 일기	만다라트	마인드맵	로직트리
대상과 목적 분석	**6장 스피치**	주제 선정	미래 설계 일기	**7장 인생**	인생 실천 목표	브레인 스토밍	**추천 Tool**	퀘스천맵
질문 나열	목차 설계	내용 작성	생각의 빅데이터	인생 그래프	버킷 리스트	알마인드	에버노트	나만의 도구를 찾아라

에는 만다라트로 전체 목차가 한 페이지로 정리되어 있다. 이것만 보고 '그래, 이거다!' 하고 구매했을 정도로 다양한 생각을 한 페이지에 정리할 수 있는 신박한 생각정리 도구다.

두 번째 장점은 사람의 심리상 비워져 있는 칸을 다 채우고 싶은 욕심이 생긴다는 것이다. 칸을 다 채우려고 노력하다 보면 많은 아이디어를 떠올릴 수 있다. 아이디어 발상도구로 만다라트를 많이 쓰는 이유다.

세 번째 장점은 구체적이고 논리적으로 생각을 정리할 수 있다는 것이다. 만다라트는 중심토픽, 주요토픽, 하위토픽을 적는 칸으로 분류되어 있어 적으면서 자연스럽게 논리체계가 생기고 생각이 구체화된다.

네 번째 장점은 목표 달성을 위해 만다라트를 작성할 때 주요토픽과 하위토픽을 적으며 자연스럽게 구체적인 실천방법을 떠올리게 된다는 것이다. 이런 과정은 목표 달성을 위한 실행력을 높이는 데 도움이 된다.

만다라트를 그리는 방법

만다라트를 그리는 방법은 간단하다. 맨 가운데 사각형이 중심토픽을 적는 사각형이다. 중심토픽을 둘러싼 8개의 칸에는 중심토픽을 달성하기 위한 8개의 키워드(주요토픽)를 적는다. 또 그 8개의 키워드를 둘러싼 나머지 8개의 사각형에는 세부 실천방안(하위토픽)을 적는다.

(1) 중심토픽

중심토픽에는 핵심 아이디어를 적는다. 예를 들어 올해 12월까지 '엄마 3종 자격증' 중 하나라고 불리는 독서지도사 자격시험에 합격하는 것이 목표라고 가정해 보자. 만다라트의 가운데에 있는 중심 네모칸에 '독서지도사 합격하기'를 적는다.

(2) 주요토픽

중심 네모 칸을 둘러싼 8개의 칸을 주요토픽이라고 한다. 주요토픽에는 중심토픽을 달성하기 위한 세부내용을 적는다.

강의 듣기	교재 스터디	지정도서 읽기
서평 과제	독서지도사 합격하기	수업계획안 제출
주요 내용 정리	원고지 작성법 스터디	기출문제 풀이

(3) 하위토픽

하위토픽은 주요토픽에 대한 또 다른 8개의 사각형을 그린다. 하위토픽에는 실천방안 또는 세부 아이디어를 적는다. 이때 하위토픽의 내용은 최대한 구체적으로 적는다.

강의 듣기	교재 스터디	지정도서 읽기
서평 과제	독서지도사 합격하기	수업계획안 제출
주요 내용 정리	원고지 작성법 스터디	기출문제 풀이

→

오프수업 신청	오프 수업 참가	온라인 강의 듣기
예상 답안지 분석	수업계획안 제출	과제 작성
첨삭 받기	수업계획안 작성	시험 준비

(4) 우선순위

그 다음으로는 우선순위별로 번호를 매겨서 실행순서를 결정하고, 실천한다.

강의 듣기	교재 스터디	지정도서 읽기
서평 과제	독서지도사 합격하기	수업계획안 제출
주요 내용 정리	원고지 작성법 스터디	기출문제 풀이

→

① 오프수업 신청	② 오프 수업 참가	④ 온라인 강의 듣기
③ 예상 답안지 분석	수업계획안 제출	⑤ 과제 작성
⑦ 첨삭 받기	⑥ 수업계획안 작성	⑧ 시험 준비

(5) 마인드맵 활용

추가로 내용 보충이 더 필요한 부분은 여백에 마인드맵을 그려 내용을 적는다.

(6) 실행 여부 체크

마지막으로 실행 여부를 체크·점검하는 과정을 통해 실행력을 높일 수 있다.

만다라트 활용방법

만다라트는 하나의 주제에 대해 많은 아이디어를 떠올리고 구체화하는데 도움이 된다. 3~5장에 다양한 만다라트 활용법이 나오는데, 간단하게는 식사나 외식 메뉴를 정할 때, 엄마와 아이의 꿈지도를 그릴 때나 목표를 세울 때, 가족의 재무목표를 세울 때, 집안의 물건을 정리할 때, 여행 준비를 할 때, 해야 할 일을 떠올릴 때, 그밖에 여러 아이디어를 구상할 때 등 활용법이 무궁무진하다.

생각은 미분해서 구체적으로 나열하고 분류하고 배열하지 않으면 머릿속에서는 살아있던 생각도 죽은 생각이 되고 만다. 만다라트를 이용해 큰 생각을 작은 생각으로 쪼개는 연습을 하다 보면 큰 고민은 해결가능한 고민으로, 큰 꿈은 실현가능한 꿈으로 내게 다가올 것이다.

마인드맵

생각정리 도구로 가장 많이 알려져 있고 가장 많이 사용되는 도구는 마인드맵(Mind map)이다. 마인드맵은 '생각의 지도'라는 뜻으로, 업무·학습·일상에서 다양하게 사용되는 전천후 도구다.

마인드맵의 장점

마인드맵은 영국의 심리학자이며 비즈니스 창의성의 대가인 토니 부잔이 효율적인 학습과 기억을 돕기 위해 개발한 것으로, 종이 위에 아이디어를 정리하는 생각정리 도구다. 마인드맵 기법은 다른 말로 '마인드 맵핑(Mind Mapping)'이라고도 하며, 좌우 두뇌사고의 연결을 통해 분석적이고 창조적인 기술로 지식과 생각을 정리하는 기법이다. 그렇다면 마인드맵을 사용해서 정리를 했을 때와 그렇지 않았을 때 어떤 점이 다를까? 일반 글과 마인드맵을 이용해 정리한 내용을 비교해 살펴보자.

정서 신호등을 잘 활용한다면 불필요한 오해와 충돌을 피하거나 필요없는 언쟁이나 감정이 상하는 경험을 피하는데 도움이 될 수 있다. 정서 신호등을 활용하는 방법 중 한 가지는 자신의 감정상태를 표시할 수 있는 색깔카드를 사용하는 것이다. 예컨대 파란색 카드는 '잘 진행되고 있으니 그대로 두시오'라는 의미다. 노란색 카드는 '주의하고 환경을 변화시키라'는 의미다. 마지막으로 빨간색 카드는 '그 순간 감정을 처리할 여유를 가질 수 있도록 모두가 멈추고 잠시 물러나라'는 의미다.

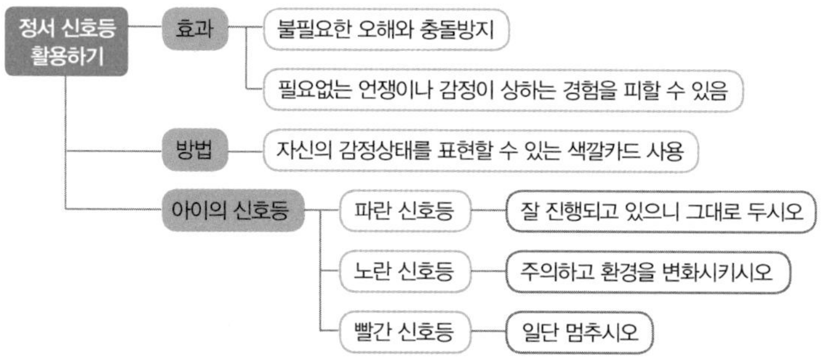

출처 : 『부모의 질문법(아이의 재능을 찾아주는)』, 송진욱 · 신민섭 지음

어떤가? 일반적인 형태의 글보다 마인드맵으로 정리해 구조화하니 글의 핵심내용이 머리에 쏙쏙 들어오는 듯한 느낌이 들지 않는가? 인간의 두뇌는 생각의 흐름이 중심에서 사방으로 발산되어 퍼져 나

오거나 반대로 사방에서 중심으로 흘러가는 방사구조 형태를 띈다. 마인드맵은 이러한 인간 두뇌의 방사사고(Radiant Thinking)를 표현한 것이다.

마인드맵을 그리는 방법

마인드맵을 그리기 위해서는 우선 빈 종이와 3색 볼펜을 준비하자. 종이의 방향은 가로로 놓고, 중심토픽부터 질문을 통해 꼬리에 꼬리를 물고 가지를 쳐나간다. 가지는 시계 방향으로 그리면 되고, 가지의 굵기는 중심과 가까울수록 선을 굵게, 멀어질수록 얇게 그린다. 마인드맵을 그리는 방법은 다음과 같다.

- 중심토픽에는 생각이나 글의 중심 주제를 쓴다.
- 주요토픽은 중심토픽의 내용을 뒷받침하거나 키워드인 주요내용을 적는다.
- 하위토픽은 중심토픽에 대한 세부내용을 적거나 앞에서 다룬 생각정리 원리와 질문 공식을 이용해 생각의 가지를 풍성하게 그려 나간다.

(1) 중심토픽

마인드맵은 중심토픽에서부터 시작된다. 중심토픽은 말 그대로 지도의 주제가 되는 생각이다. 예를 들어 '초등학교 5학년 아이와 이번 여름방학에 할 일'을 주제로 정했다면 가운데에 그 내용을 적는다.

(2) 주요토픽

주요토픽은 중심토픽의 내용을 뒷받침하거나 키워드인 주요내용을 적는다. 중심토픽에 적은 '초등학교 5학년 아이와 여름방학에 할 일'에 대한 핵심 키워드를 적어본다. 예를 들어 생활습관, 학습, 여행, 개학 전 점검사항, 기타사항 등이다.

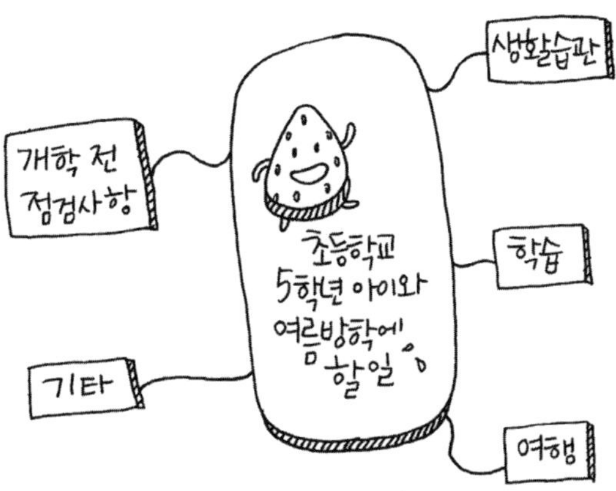

(3) 하위토픽

하위토픽에는 주요토픽에 대한 세부내용을 적는다. 꼬리에 꼬리를 물고 질문을 던지며 생각의 가지를 뻗어 나가며 내 머릿속의 생각을 펼쳐본다.

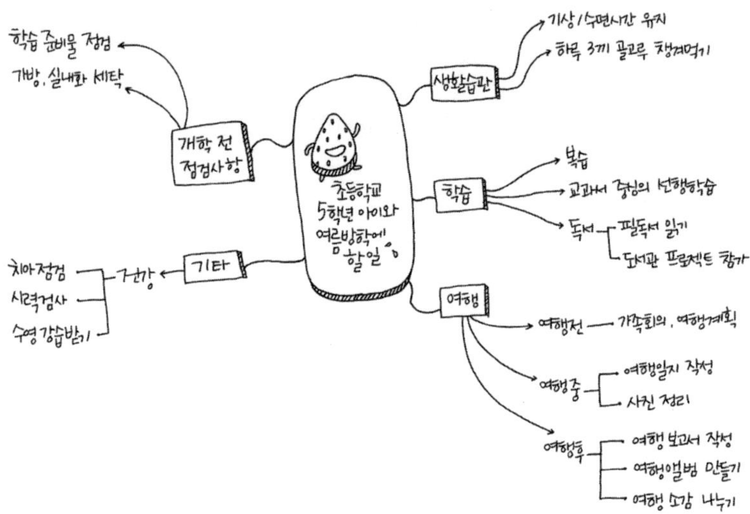

(4) 퀘스천맵 적용하기

마인드맵을 그렸는데도 여전히 생각이 정리되지 않는다면 퀘스천맵을 참고해 질문의 가지를 그리며 다시 한 번 정리해 보자.

머릿속으로만 생각하다 보면 꼭 체크하고 검토해야 할 모든 항목들을 중복이나 빠뜨리는 부분 없이 면밀하게 확인하고 검토하기 어려운 것이 사실이다. 이때 마인드맵이라는 생각의 도구를 활용하면 생각의 중심이 무엇인지 알 수 있고, 생각의 중심이 확고하게 설정되면 무수히 많은 생각의 곁가지들이 뻗어 나가면서 생각이 정리되는 것은 물론이고, 창의적인 생각의 발상 스위치에도 'ON'의 불이 켜질 수 있다.

마인드맵의 한계

우선 손으로 그리는 마인드맵은 편집이 어렵고 마인드맵을 그릴 수 있는 지면도 한정되어 있다. 이런 한계를 극복할 수 있는 대안으로 디지털 마인드맵이 개발되었다. 엄마들의 경우에는 우선 손으로 그리는 마인드맵으로 생각을 정리하는 원리와 방법에 익숙해진 후에 디지털 마인드맵을 활용하는 것을 권하고 싶다.

디지털 마인드맵(알마인드)

디지털 마인드맵은 마인드맵을 디지털로 구현한 것을 말한다. 디지털 마인드맵은 아날로그 마인드맵의 단점을 보완하여 편집이 자유롭고 저장과 검색이 쉬운 장점이 있다. 디지털 마인드맵은 다양한 프로그램이 존재하는데, 여기에서는 이스트소프트가 개발한 디지털 마인드맵 프로그램인 알마인드(Almind)를 소개한다.

알마인드 사용방법

알마인드에 대한 구체적인 이해와 사용법은 네이버 블로그 〈엄마의 생각정리스킬〉 자료실의 '알마인드 활용법'을 참고하면 된다.

(1) 중심토픽

알마인드를 시작하면 미리 세팅되어 있는 중심토픽 란에 제목이나 글의 중심 주제를 쓴다. 앞의 마인드맵으로 그린 '초등학교 5학년 아이와 이번 여름방학에 할 일'을 알마인드로 표현하면 다음과 같다.

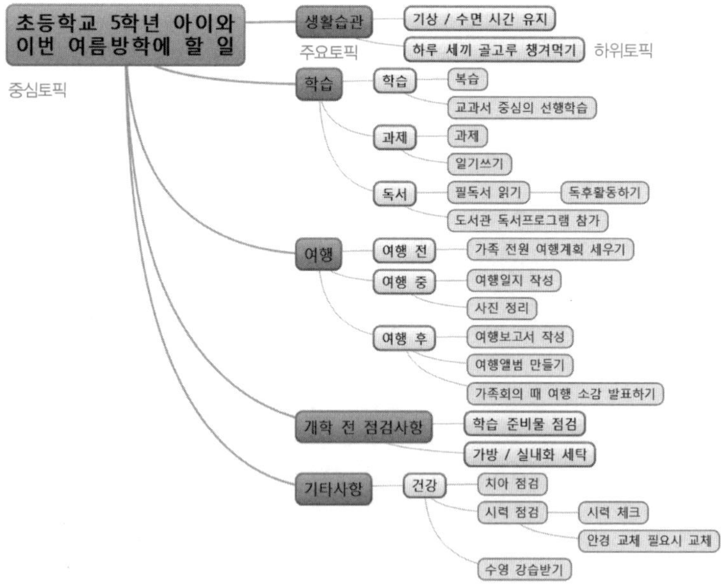

(2) 주요토픽

중심토픽에서 스페이스바 키를 누르면 주요토픽을 입력할 수 있는 새로운 토픽이 생긴다. 또 엔터 키를 누르면 새로운 중심토픽이 생성된다.

(3) 하위토픽

하위토픽도 주요토픽에서 스페이스 키와 엔터 키로 내용을 추가할 수 있다.

알마인드 활용방법

전업주부의 재취업이나 워킹맘의 이직시 이력서나 자기소개서의 지정

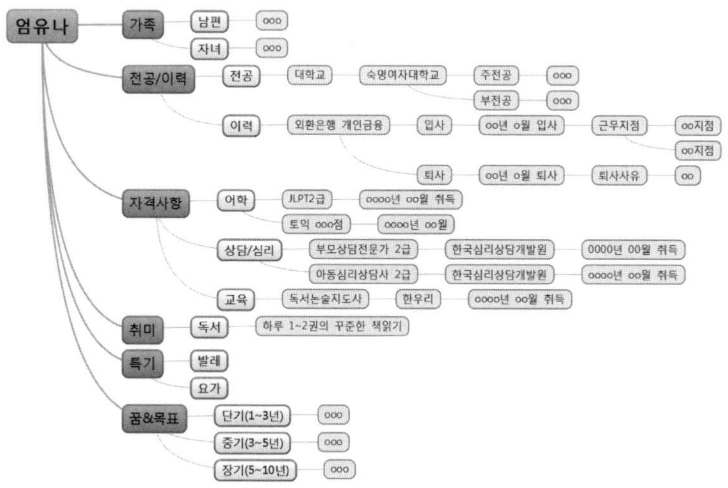

된 양식이 없을 때는 알마인드를 활용해 깔끔하게 작성하면 읽는 사람이 보기 좋으면서도 한눈에 확 들어오는 입사서류를 작성할 수 있다.

그 외에도 가정의 일상관리, 아이돌보미 선생님을 위한 매뉴얼 작성, 글쓰기 개요 작성, 말하기 대본 작성, 아이 기관·학교·학원 정보 정리, 창업맘의 사업계획서 작성, 워킹맘의 회사 기획서·계획서·보고서·제안서를 작성할 때 등 무궁무진하게 활용할 수 있다.

08

3의 로직트리

'3'은 마법의 숫자다. 모든 고민을 3가지로 정리할 수 있고, 내가 잘할 수 있는 장점이나 재능도 3가지로 정리할 수 있다. 쉽게는 오늘 할 일도 3가지로 정리해 볼 수 있다. '3', 얼마나 기억하기 좋은 숫자인가?

그리고 여기서 말하고자 하는 '3의 로직트리'는 어떤 주제든 3가지로 정리하고 요약하는 생각정리 도구를 말한다.

문제를 해결하고 싶을 땐 3의 로직트리

What → Why → How의 순서대로 생각을 정리하면 문제의 구성요소를 파악하고, 문제의 원인을 꼼꼼하게 분석한 뒤 적합한 해결책을 찾을 수 있다.

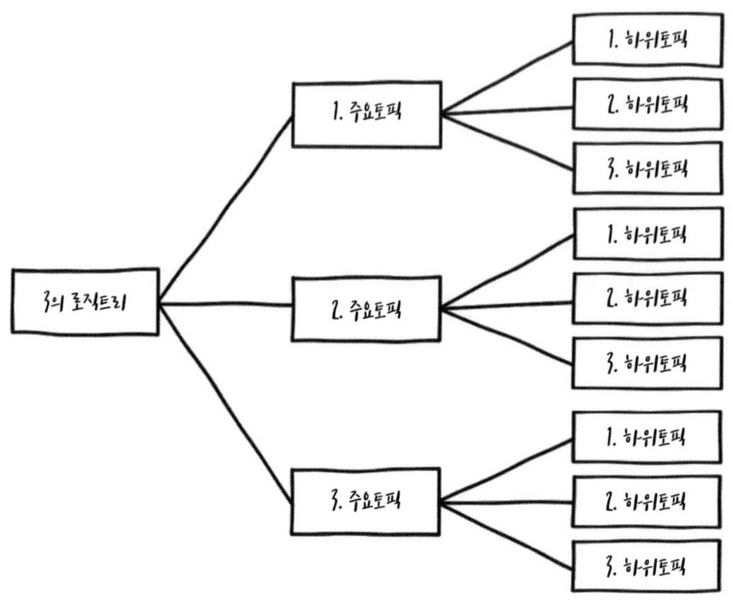

(1) What tree – '무엇?' 문제의 요소를 파악하자

무엇이라는 질문을 던지며 문제를 구체화시키는 방법이다. 예를 들어 최근 나의 고민을 'What tree'로 만들어 보자.

(2) Why tree – '왜?' 문제의 원인을 파악하자

'Why tree'를 그려보는 과정에서 문제의 근본원인을 찾을 수 있다. 문제에 대한 3가지 원인을 생각해 보고, 세부원인 3가지를 추가로 생각해 보자.

(3) How tree – '어떻게?' 문제의 해결방안을 생각해 보자

'어떻게?'라는 질문을 던지며 'How tree'를 그리는 과정을 통해 문

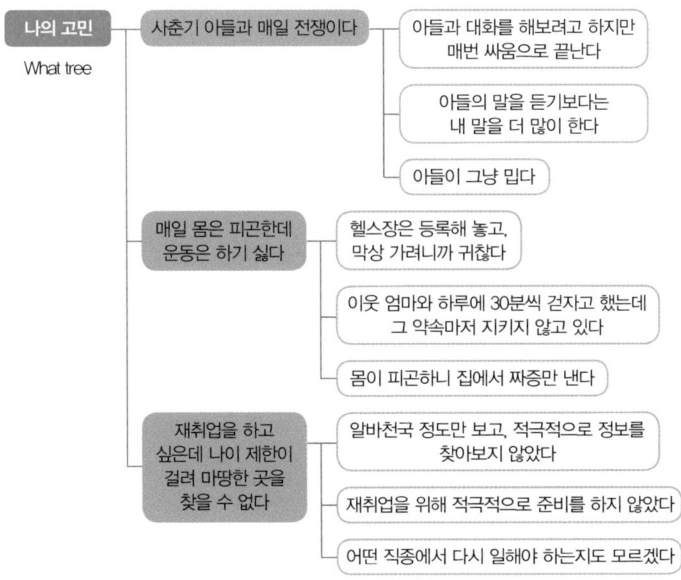

나의 고민
What tree
사춘기 아들과 매일 전쟁이다
아들과 대화를 해보려고 하지만 매번 싸움으로 끝난다
아들의 말을 듣기보다는 내 말을 더 많이 한다
아들이 그냥 밉다
매일 몸은 피곤한데 운동은 하기 싫다
헬스장은 등록해 놓고, 막상 가려니까 귀찮다
이웃 엄마와 하루에 30분씩 걷자고 했는데 그 약속마저 지키지 않고 있다
몸이 피곤하니 집에서 짜증만 낸다
재취업을 하고 싶은데 나이 제한이 걸려 마땅한 곳을 찾을 수 없다
알바천국 정도만 보고, 적극적으로 정보를 찾아보지 않았다
재취업을 위해 적극적으로 준비를 하지 않았다
어떤 직종에서 다시 일해야 하는지도 모르겠다

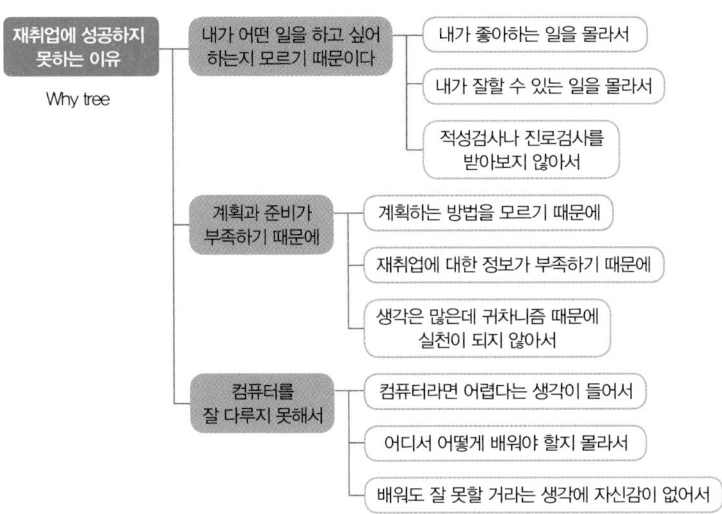

재취업에 성공하지 못하는 이유
Why tree
내가 어떤 일을 하고 싶어 하는지 모르기 때문이다
내가 좋아하는 일을 몰라서
내가 잘할 수 있는 일을 몰라서
적성검사나 진로검사를 받아보지 않아서
계획과 준비가 부족하기 때문에
계획하는 방법을 모르기 때문에
재취업에 대한 정보가 부족하기 때문에
생각은 많은데 귀차니즘 때문에 실천이 되지 않아서
컴퓨터를 잘 다루지 못해서
컴퓨터라면 어렵다는 생각이 들어서
어디서 어떻게 배워야 할지 몰라서
배워도 잘 못할 거라는 생각에 자신감이 없어서

제의 해결책을 찾아가는 방법이다. 3가지씩 구체적으로 적다 보면 생각지도 못한 해결방법을 찾을 수 있다.

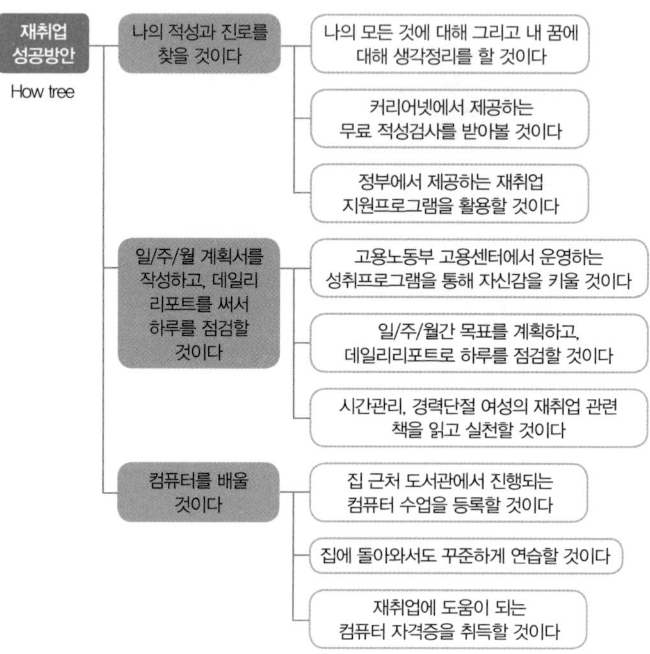

브레인스토밍 & 브레인라이팅

브레인스토밍

브레인스토밍은 '두뇌폭풍(brain storm)'이라는 뜻으로, 아이디어들이 확산되며 눈덩이 뭉쳐지듯 연쇄적으로 이어지기 때문에 '눈 굴리기(snow bowling)' 기법이라고도 한다.

(1) 브레인스토밍 활용법

① 가족회의를 할 때

가족들과 회의를 하거나 생각을 모으고 정리할 때 활용하면 좋다.

② 중요한 의사결정을 할 때

혼자서는 쉽게 결정할 수 없는 주제에 대해 구성원 모두가 생각할 수 있는 모든 아이디어를 모아 의사결정을 할 때 사용한다.

③ 엄마들이 모여 학급회의나 모임을 할 때

학급회의를 할 때나 의사결정을 위한 모임을 할 때 활용해도 좋다.

(2) 브레인스토밍 정리방법

① 마인드맵을 그리자

종이나 화이트보드 등을 가로로 놓고, 마인드맵으로 꼬리에 꼬리를 물며 생각을 자유롭게 확장시켜 나간다.

② 포스트잇을 활용하자

브레인스토밍을 할 때 탈부착이 가능한 포스트잇에 내용을 적으면서 정리하면 더 효율적으로 정리할 수 있다.

③ 마인드맵과 포스트잇을 활용하자

가운데 중심토픽을 그리고 가지를 그려나가는 방법이다. 내용은 모두 포스트잇으로 붙인다. 구조는 마인드맵으로, 편집은 포스트잇으로 하여 생각을 발산하고 정리하는 두 가지 도구의 장점을 결합한 방법이다.

④ 알마인드를 활용하자

알마인드를 활용하려면 컴퓨터가 있어야 한다는 한계가 있지만 생각을 자유롭게 편집할 수 있어서 편리하다. 진행자가 알마인드로 정리하면 다양한 아이디어를 손쉽게 정리할 수 있다.

⑤ 휴지통을 만들자

자유롭게 의견을 내고 서로의 의견을 존중하는 것도 중요하지만 주제에서 벗어나는 의견이 있을 수 있으므로 휴지통을 만들어 따로 정리한다. 계속 의견을 주고받다 보면 휴지통에 보관된 의견이 다시 가지가 될 수도 있다.

브레인스토밍 과정 중에 나오는 모든 아이디어는 상호 간에 존중하는 자세가 필요하다. 어떤 생각이든 저마다의 이유가 있고 나름의 쓸모가 있다. 다른 사람의 생각을 일방적으로 평가하지 않는다는 마음으로 임하는 것이 중요하다.

브레인라이팅(침묵의 브레인스토밍)

브레인스토밍이 사람들이 모여 이야기하며 아이디어를 발상하는 방법이라면 브레인라이팅은 조용하게 종이에 생각을 적어나가며 아이디어를 발상하는 방법이다. 다만 아이가 한글을 쓰지 못하고, 말만 할 수 있는 경우에는 브레인스토밍을 권한다.

초등학생 아이를 둔 엄마들의 회의 주제가 '학급 아이들의 생일파티를 어떻게 할 것인지'라고 해보자. 선택안은 크게 두 가지로 나뉜다. 아이들의 생일파티를 각자 따로 할 것인지 월별로 생일인 아이들이 모두 함께 모여 단체 생일파티 방식으로 할 것인지의 선택사항에 대해 설명하고, 기록지와 펜을 나눠준다. 각자 한 명씩 자신의 생각을 종이에 적고, 서로의 의견을 공유한 후에 다수결의 원칙이나 상호 협의의 과정을 통해 최종 결론을 도출해낸다.

주제 : 우리 반 아이들의 생일파티는 각자 개인별로 할 것인가? 아니면 월별로 생일인 아이들을 모아 단체로 할 것인가? 단체라고 답변한 사람은 어떤 장소가 좋을지도 적어주시기 바랍니다.

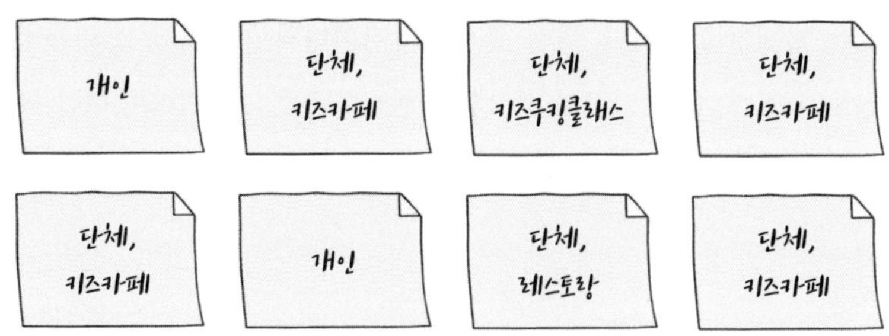

최종합의안 :
한 달에 한 번씩 생일인 아이들의 생일파티를
근처 키즈카페에서 진행한다.

엄마의 인생정리스킬 3종 세트

복주환 저자의 『생각정리스킬』에서의 인생정리스킬 3종 세트는 일기쓰기, 인생그래프, 버킷리스트다. 『엄마의 생각정리스킬』에서는 엄마의 인생을 정리하는 것과 더불어 엄마 자신의 꿈과 미래를 설계하는 것에 중점을 두어 일기쓰기(감사하기), 인생그래프, 만다라트와 마인드맵으로 그리는 꿈지도를 엄마의 인생정리스킬 3종 세트로 정했다(각각에 대한 자세한 내용은 3장을 참고하자).

일기쓰기(감사하기)

1994년 에린 그루웰은 캘리포니아주 롱비치에 있는 윌슨고등학교의 국어 교사로 부임한다. 윌슨고등학교는 소위 말해 문제학생들만 모인 학교로 통했다. 에린은 그런 학생들을 변화시키기 위한 방법으로 학생들에게 일기를 쓰게 했다. 처음에는 일기쓰기를 완강히 거부하던 학생들도 선생님의 부단한 노력 앞에 조금씩 변화되는 모습을 보였다. 부임 초에는 선생님과 눈도 마주치지 않으려던 학생들이 조금씩 자신의 마음속 이야기를 털어놓기 시작했고, 에린은 그들과 진지하게 대화하고 고민하며 아픔을 나누었고, 온갖 편견이나 차별·위선·폭력 문제를 상담하기에 이르렀다. 그리고 그들의 일기는 훗날 책으로 만들어져 전 세계를 감동시켰다.

도저히 변하지 않을 것 같았던 학생들까지도 드라마틱한 변화를 불러일으킨 일기쓰기! 인생정리스킬 3종 세트의 첫 번째는 인생의 핵심습관이면서 생각정리하루습관 중 하나이기도 한 일기쓰기(감사하기)다. 자유롭게 나의 하루에 대한 생각과 느낌을 적다 보면 감정을 정리하는 데에도 도움이 되고, 오늘에 대한 반성과 더 나은 내일을 준비할 수 있는 발판이 되기도 한다.

인생그래프

인생정리스킬의 두 번째는 인생그래프다. 스티브 잡스가 스탠포드 대학에서 한 명연설 중 아직도 많이 회자되고 있는 'Connecting the dots'는 과거와 현재, 미래가 연결되어 있다는 내용이다. 우리도 인생의 점을 하나하나 이으며 나의 과거-현재-미래의 인생그래프를 그려보고, 인생그래프 분석 글을 써보자.

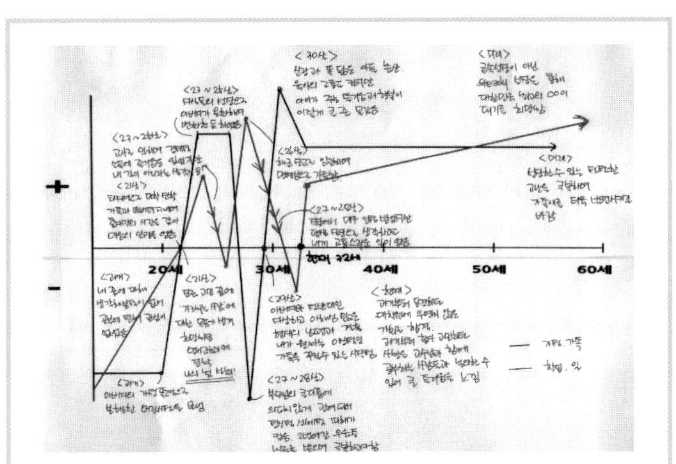

강예빈(3세 아들 엄마 & 대학원생맘)

꿈지도

인생정리스킬의 세 번째는 생각정리 도구인 만다라트와 마인드맵으로 그리는 꿈지도다. 꿈지도는 나의 꿈길에 생생한 이정표가 되어 주는 것은 물론 꿈의 실현력을 높이는 1등 공신이 될 것이다.

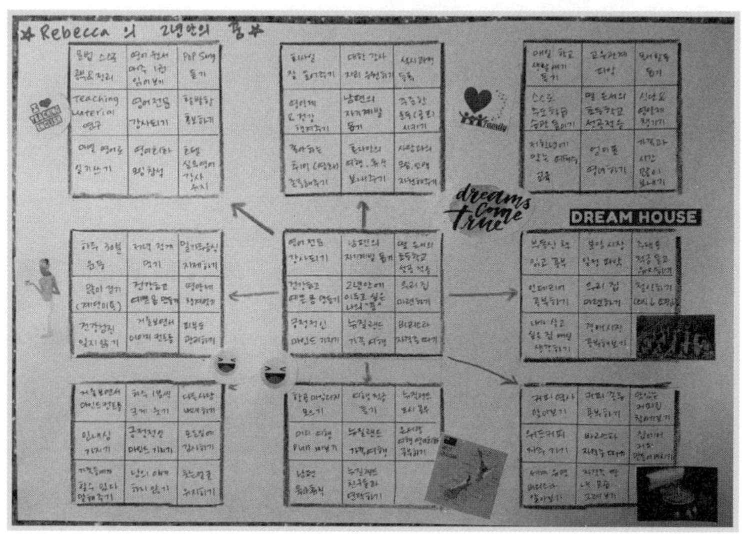

만다라트로 그리는 꿈지도는 내 꿈과 실천방법까지 한눈에 볼 수 있어서 꿈을 계획하는데 많은 도움이 되었다. 81칸을 전부 다 채우려고 노력하다 보니 미처 생각하지도 못한 꿈도 만들게 되었고, 구체적으로 어떻게 노력해야 하는지에 대해서도 생각해 볼 수 있어서 좋았다. 이제 꿈편지를 쓰고, 실천하는 일만 남았다. 아자! 아자! 화이팅♥

최윤영(8세 딸 엄마 & 워킹맘)

일기를 쓰며 하루 일과를 반성하고 미래를 전망할 수 있고, 인생그래프를 통해 내가 살아온 삶의 발자취를 분석해 보면서 나를 알고 내 인생의 미래를 그려볼 수 있다. 마지막으로 꿈지도를 그려보면 꿈으로 다가가는 미래의 생각지도를 완성할 수 있다. 엄마의 인생정리스킬 3종 세트는 엄마의 새로운 인생을 찾아줄 종합선물세트다.

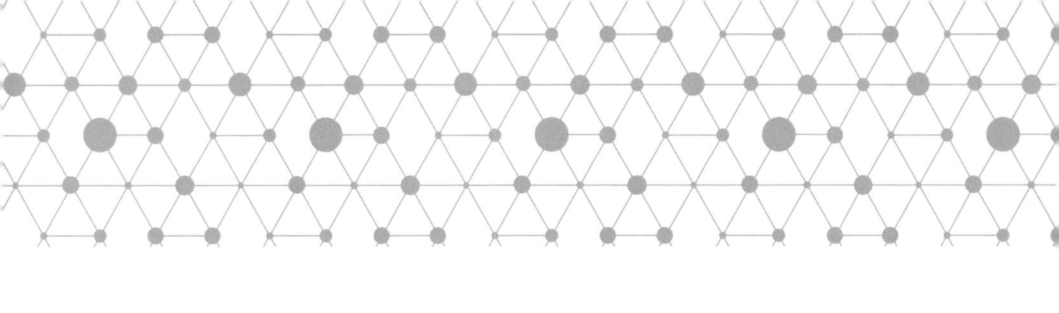

3장

생각정리스킬로 엄마의 삶을 경영하다

01

인생그래프,
내가 누구인지 알아보자

엄마로 살다 보면 항상 무언가에 쫓기는 듯한 바쁜 일상 속에서 '나는 지금 왜 이곳에 있지?' '나는 지금 무엇을 하고 있는 거지?' '내가 이러려고 이렇게 치열하게 살아왔나?'라는 의문과 원인 모를 울컥함이 불쑥불쑥 올라올 때가 있다. '나'로 살다가 '엄마'로서의 삶을 살며, 나 자신과 나의 인생을 송두리째 잃어버렸다는 생각 때문이다. 이것이 많은 엄마들이 출산 후 우울증을 겪는 이유이기도 하다.

엄마라면 누구나 한 번쯤은 드는 이런 생각들은 대개 정리되지 않은 채 내 삶의 방향성을 잃게 하며, 결국엔 자존감마저 땅에 떨어뜨리게 하는 원인이 되기도 한다. 잊을 만하면 반복되는 이런 질문들과 내 이름 석 자를 잃어버린 일상 속에서 자존감을 세우고 행복한 엄마로 거듭나기 위해 우리는 무엇부터 시작해야 할까?

일단 멈추고 바라보자

그 시작은 바로 인생그래프를 그려보는 일에서 시작할 수 있다. 인생그래프는 '아리랑곡선'의 다른 말로, 아리랑 곡조처럼 느껴진다고 해서 아리랑곡선이라고도 한다. 아리랑곡선, 즉 인생그래프는 자신의 삶을 정리하거나 소개할 때 많이 쓰인다. 우리는 인생그래프를 통해 ① 일단 멈추어 객관적으로 내 삶을 바라볼 기회 ② 희망을 가지고 긍정적으로 남은 인생을 설계할 자산을 찾는 계기로 삼을 수 있다. 이 두 가지가 인생그래프가 우리에게 주는 장점이다.

지금까지 엄마로서 숨가쁘게 달려온 내 인생에 브레이크를 걸고 일단 멈춰 서보자. 그리고 차분히 책상에 앉아 가쁜 숨도 고르고, 내 인생을 객관적으로 바라볼 수 있는 시간을 가져보자.

인생그래프를 그리는 방법

(1) 과거·현재·미래 인생그래프

우선 인생그래프를 그리기 전에 태어나서 지금까지의 시간을 정리할 것인지, 지난 1년 간을 정리할 것인지를 결정한다. 그래프의 X축은 기간이고, Y축은 감성지수이다. 기간 설정 후 그 기간의 주요 사건을 쓰고, 점과 점 사이를 선으로 연결하면 인생그래프가 완성된다.

과거그래프 그리기에서 가장 먼저 할 일은 과거의 기간을 정하는 것이다. 나의 경우에는 초등학교 5학년을 시작 시점으로 잡았고, 내가 중요하게 여기는 '가족'과 '공부'를 중심으로 그래프를 그렸다. 현재그래프와 미래그래프도 마찬가지의 형식으로 그리면 되는데, 미래그래프의 경우에는 구체적이고 도달가능한 목표와 기간을 적어보도록 하자.

인생그래프

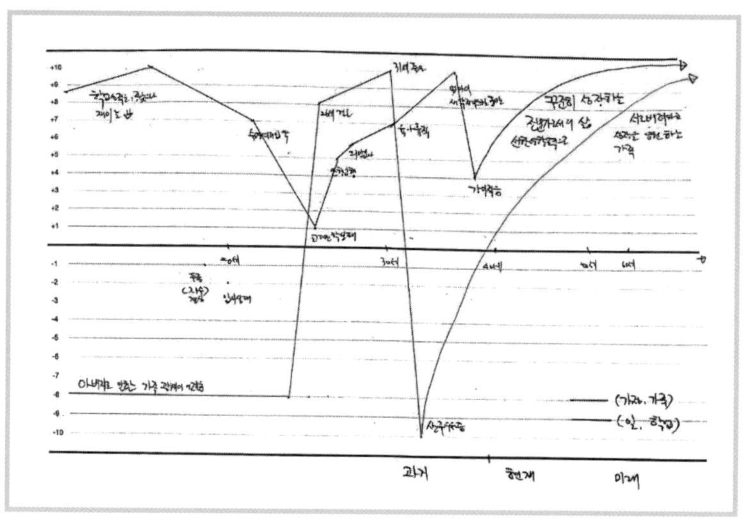

과거그래프를 그려보는 과정을 통해 잠시나마 잊고 있던 우리 인생의 과거 페이지를 들춰보며 현재의 나를 이해하는 시간을 가질 수 있다.

현재그래프를 그려보는 과정을 통해서는 현재의 삶을 통해 과거의 나를 이해하고 사랑하는 격려의 에너지를 받아 지금 여기에서 살고 있는 현재 나의 모습을 온전히 받아들일 수 있다. 이러한 과정은 든든한 미래를 설계하고 행복한 나를 건설하는 또 다른 토대가 된다.

그리고 미래그래프를 그려보는 과정을 통해서는 과거·현재 그래프로 파악한 나와 내 인생을 바탕으로 미래의 구체적이고 긍정적인 모습을 그려보는 시간이 될 것이다. 이것이 바로 엄마경영의 포인트이고, 내 삶의 주인공이 되는 내공을 기르는 비법이 될 것이다.

(2) 인생그래프 분석 글쓰기

단순히 인생그래프를 그리는 것에서 끝나는 게 아니라 인생그래프를 분석하는 글을 짧게라도 써보자. 인생그래프를 통해 분석한 나의 행복지수를 높이는 일과 사람, 나의 불행지수를 높이는 일과 사람에 대해 적어보자. 그리고 나서의 느낌, 미래그래프를 바탕으로 한 계획과 다짐도 적어보자. 내 인생그래프에 대한 글을 작성하는 시간을 통해 내가 좋아하는 일과 싫어하는 일을 발견할 수 있고, 내가 몰랐던 나의 모습도 발견할 수 있다. 이처럼 단순히 인생그래프를 그리고 끝나는 것이 아니라 인생그래프 분석 글까지 쓴다면 '멈추고' '쓰니' 비로소 '보이는' 것들이 훨씬 더 많은 시간이 될 것이다.

♡ 지나온 내 삶의 발자취 – 과거그래프 ♡

저의 과거그래프는 크게 '가족'과 '공부'로 그래프의 양상이 변화되는 흐름을 보입니다. 결혼 전까지 상처였던 가족의 존재가 결혼 후 감정이 안정되면서 조금씩 회복되었습니다. 또한 독서와 긍정적인 습관 덕분에 점차 새로운 삶으로 변화하는 과정을 보여줍니다.

그렇게 인생의 순탄한 흐름을 보이는가 싶더니 결혼 5년 만에 기다리던 딸이 탄생하면서 인생의 또 다른 새로운 국면을 맞이합니다. 산후우울증으로 나를 돌아보는 시간을 또 한 번 견뎠습니다. 견뎌내는 힘의 시간은 실로 위대하다는 것을 느낍니다. 특히나 엄마가 되어서 말입니다. 비로소 꿈을 찾고, 저의 몸과 마음 그리고 가족에게도 평화가 찾아온 지금이 더없이 행복합니다.

♡ 지금, 여기에서 지나는 내 삶의 발자취 – 현재그래프 ♡

현재그래프의 특징은 지금&여기에서 모든 일에 감사하는 삶을 살게 됐다는 것입니다. 내게 온 사람과 내게 준 시련은 나름의 이유가 있다는 것과 성장의 기회라는 생각의 전환이 가장 큰 변화입니다. 현재그래프는 내 감정과 상황에 대한 솔직한 인정을 보여주는 모습입니다. 내 감정에 책임지며 지금 내게 무엇이 부족하고, 무엇을 해야 할지에 대해 구체적인 답을 내면서 미래의 나를 만들어 가는 시간입니다.

♡ 앞으로 만들어 나갈 내 삶의 발자취 – 미래그래프 ♡

유시민 작가의 『어떻게 살 것인가』에서는 '일' '놀이' '사랑' '연대'의 네 가지가 '어떻게 살 것인가'에 대한 답이라고 이야기합니다. 유시민 작가의 말에 전적으로 공감합니다. 가정에서는 최고보다는 충분히 좋은 엄마, 사랑스러운 아내가 되려고 합니다. 일에 있어서는 하루하루 조금씩 발전하는 전문가가 되겠다는 포부를 그래프에 담았습니다. 이제는 제 삶에 있어 연대와 놀이의 중요성 또한 높아졌습니다. 효율적으로 일하고, 사람에게서 긍정적인 에너지를 주고받으며 행복하게 쉬고, 놀 때는 놀자는 야무진 계획을 그렸습니다.

♡ 인생그래프를 그리고 나서 ♡

태어나서 처음 그려보는 인생그래프입니다. 단순히 점을 이어 선으로 그렸지만 단순하지 않은 인생이 조금은 정리가 되고, 치유된 느낌이 들었습니다. 마치 과거로 타임머신을 타고 다녀온 듯한 기분입니다. 내 인생의 과거와 현재, 미래를 돌아보는 인생그래프를 통해 그동안 관심을 두지 않았던 나와 나의 인생에 집중하게 되고, 더 사랑하는 계기가 되었습니다.

멈추면 비로소 보이는 나의 모습들

지금까지 인생정리 도구인 인생그래프를 그리고, 분석 글을 쓰는 과정을 통해 누구누구의 엄마와 아내가 아닌 내가 어떻게 살아왔고, 또 어떻게 살아갈지를 살펴봤다. 인생그래프를 그리는 과정을 통해 나의 인생 전체를 헬리콥터를 타고 위에서 내려다보듯이 볼 수 있는 것이다. 이를 '헬리콥터 뷰(Helicopter View)'라고 하는데, 헬리콥터 뷰는 우리에게 새로우면서도 전체를 아우르며 조망할 수 있는 넓은 시각을 제공해 준다. 높은 곳에서 아래를 내려다보면 시야가 넓어지는 만큼 그것을 받아들이는 우리의 마음도 넓어지는 까닭이다. 멀리 떨어져서 내 인생을 찬찬히 들여다보면 과거의 좋은 기억은 물론이고 슬픈 기억도 다 '꽃자리'다.

인생의 순간순간을 각각 떨어진 시간이 아니라 쭉 이어지는 하나의 흐름으로 보게 되면 작은 점 하나하나에 연연하지 않고 큰 마음으로 세상을, 그리고 더 넓은 시각으로 미래를 바라볼 수 있는 힘을 가질 수 있게 된다. 인생그래프의 묘미는 바로 여기에 있다.

02

꿈지도,
나의 미래를 생생하게 그려보자

인생그래프를 완성했다면 다음은 꿈지도다. 꿈지도는 생각정리 도구인 '만다라트 + 마인드맵 + 확언'의 조합으로 그릴 수 있다.

생각정리 도구인 만다라트와 마인드맵으로 그리는 꿈지도는 내가 가는 꿈길에 생생한 이정표가 되어주는 것은 물론 꿈의 실현력을 높이는 1등 공신이 될 것이다.

엄마가 꿈을 꿔야 하는 이유

요즘은 모든 것이 아이를 중심으로 돌아가다 보니 대부분의 엄마들은 아이에게 치여 '을'로 살아간다. 그런데 지금 아이를 재우고 먹이고 어린이집에 보내고 밀린 집안일을 하느라 의식하지 못하고 있는 중요한 사실이 하나 있다. 그건 바로 아이들이 금방 큰다는 사실이다. 길게 잡아봐야 20년이고, 10년의 시간만 지나도 아이는 엄마보다 친구와 학업에 몰두하게 된다. 짧지 않은 시간 동안 아이의 페이스메이커 역할에만 충실하며 살다가 긴 마라톤 경주가 끝났을 때 엄마가 느끼는 상실감과 외로움은 비단 옆집 엄마만의 문제는 아닐 것이다. 이를 '빈둥지증후군'라고 하는데, 이는 자녀가 대학에 진학하거나 취직·결혼과 같은 이유로 독립하게 되었을 때 부모, 특히 엄마가 느끼는 상실감과 외로움을 말한다.

엄마로서의 삶도 중요하지만 '나'로서의 삶도 중요하다. 아이가 크는 동안 아이와 나의 미래를 위해 차근차근 준비해야 한다. 엄마의 꿈길은 갈까 말까 선택의 문제가 아니라 언젠가는 가야할 길이라는 것을 염두에 둔다면 누가 그 꿈길에 더 빨리 올라 서느냐가 관건이 될 것이다.

나의 꿈을 이루어 줄 꿈지도

내 꿈을 이루어 줄 인생정리 도구는 꿈지도다. 만다라트와 마인드맵을 이용해 꿈지도를 그려보자.

우선 81칸의 만다라트를 그리고, 중심토픽에 주제를 적는다. 예를 들어 '2년 안에 내가 이루고 싶은 꿈'을 정리하고 싶으면 중심에 제목을 적는다. 8개의 주요토픽 란에는 2년 안에 내가 성취하고 싶은 꿈의 내용을 적고, 하위토픽 란에는 꿈을 이루기 위한 구체적인 실행 방안을 적는다. 이때 하위토픽의 내용은 구체적일수록 좋다. 내용을

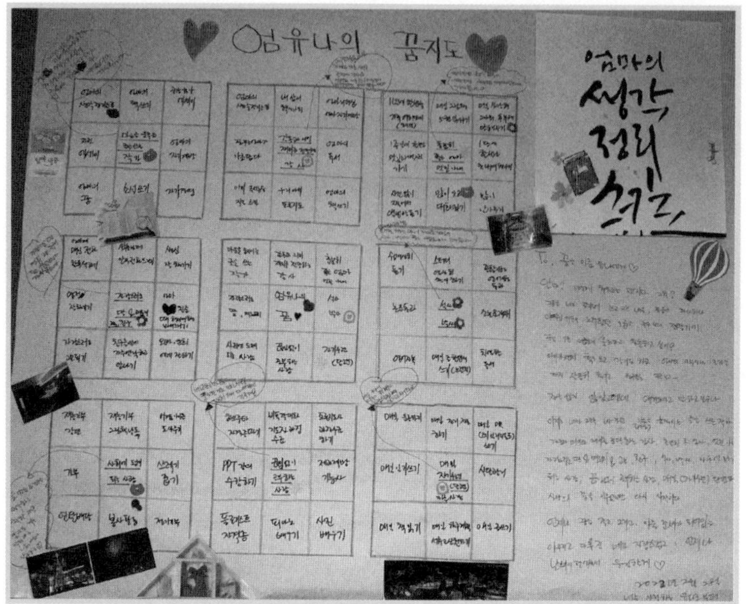

추가하고 싶은 하위토픽의 경우에는 마인드맵까지 더 그려보자. 이때 꿈의 도달기한을 함께 적는 것을 추천한다. 또한 더 생생하게 꿈꾸기 위해서는 꿈과 관련된 잡지나 책의 사진, 그림 등 시각자료를 함께 붙여서 꾸며보자. 마지막으로 우선순위를 결정하여 어떤 꿈부터 실행에 옮길지 결정한다.

꿈지도를 작성했다면 여백에 "2020년 12월 31일, 꿈을 이뤘습니다. 감사합니다."라는 확언을 적어보자. 공들여 완성한 꿈지도는 잘 보이는 벽에 붙이고 시간이 날 때마다 보고 큰소리로 읽어보자. 확언과 낭송은 꿈을 이루는데 중요한 요소다. 우리 뇌는 실제와 상상을 구분하지 못한다. 따라서 상상한 일도 마치 꿈을 이미 이룬 것처럼 반복하다 보면 실제인 듯 뇌가 생각하고 행동하게 된다.

꿈꾸는 엄마가 아름답다

한 설문조사 기관에서 자녀들이 부모에게서 가장 듣기 싫은 말을 조사했는데 "나는 너 때문에 희생만 하며 살아왔다" "너 때문에 내가 이렇게 됐다"라는 말이 가장 많은 표를 얻었다고 한다. 아이에게 이런 말을 하지 않기 위해서라도 나만의 꿈을 찾고 이루기 위해 노력하는 엄마가 되어야 한다.

또한 엄마의 가장 큰 특권은 아이에게 꿈 안내자가 될 수 있다는 것이다. 『꿈꾸는 엄마로 산다는 것』의 저자 서진규 박사는 "자녀가 자신의 길을 찾아가도록 지켜보고 도와주는 것, 그리고 그 꿈을 함께 꾸는 것이 엄마가 해야 하는 역할인 동시에 엄마가 누릴 수 있는 특권"이라고 말했다.

많은 엄마들이 육아와 가사 일에 치여 꿈꿀 시간이 어디 있느냐고 반문할 것이다. 하지만 역설적으로 엄마의 시간은 꿈꾸기에 가장 좋은 시간이다. 아이를 키우며 없는 시간을 쪼개고, 힘들고 고된 일상 속에서도 나만의 꿈을 위해 치열하게 노력할 때 엄마의 꿈은 현실로 만들 수 있다. 또한 그런 엄마는 아이의 꿈 안내자가 될 수 있다.

당신의 꿈길에 꿈지도와 꿈편지, 생각정리하루습관이 날개를 달아줄 것이다. 그러니 지금부터 생생하게 꿈을 그리자. 그리고 매일 꿈을 이루기 위해 행동하자. 엄마로서 살아낸 시간으로 얻은 우리의 '엄마력'은 그 어떤 꿈이라도 이룰 수 있는 충분한 힘이 될 수 있음을 기억하고, 힘들어도 꿈을 향해 한 발짝씩 나아가 보자.

03

꿈편지, 꿈을 이룬 나의 모습을 써보자

우리는 매일 꿈을 꾸며 살아간다. 지금 나의 모습은 언젠가 내가 꾸었던 꿈의 단면이기도 하다. 인생그래프를 그리고, 꿈지도를 그렸다면 이제 내 꿈을 현실로 이루기 위해 내가 바라는 미래의 모습을 그리며 편지를 써보자. 꿈편지는 쓸데없는 걱정을 막을 수 있고 스트레스를 해소시켜 주는 요인이 되기도 한다. 실현해야 할 목표이자 나를 나태하지 않게 만드는 자극제로 꿈편지를 활용해 보자. 내가 바라는 나는 머지않은 곳에 있다.

꿈을 이룬 나에게 편지를 써야 하는 이유

사토 도미오는 『당신의 꿈을 이루어 주는 미래일기』에서 "내가 바라는 미래의 모습을 마치 현재의 삶처럼 여기고 행동하라"고 말했다. 일종의 뇌를 속이는 방법 중 하나인데, 상상 속의 행복을 실제 행복과 동일하게 느끼는 뇌 덕분에 상상이 현실로 나타나게 된다는 것이다. 이를 '확신행동'이라고 한다. 즉, 어떤 행동이나 목표에 대해 분명한 확신을 가지고 행동(여기서는 꿈을 이룬 내게 편지를 쓰는 행위)을 하면 그 행복감이 뇌를 자극해 결국 상상이 아닌 현실로 만들어 낸다. 이것이 우리가 꿈을 이룬 것처럼 행동해야 하는 이유다.

상상에서 나아가 소리 내어 이야기하면 뇌는 메시지의 내용을 훨씬 잘 인식한다. 소리 내어 한 말이 귀로 들어가 뇌에 확실히 새겨지기 때문이다. 그리고 생각이 마음과 신체에 미치는 작용이 강력해진다. 이제 꿈편지를 꿈지도에 붙이고, 시간이 날 때마다 읽어보자. 우리의 마음과 신체는 꿈을 이루는데 최적화된 상태가 될 것이다.

현재형으로! 구체적으로! 감사하며!

그렇다면 꿈편지는 어떻게 쓸까? 편지를 쓸 때는 미래형이 아니라 꿈을 달성했다는 '현재형'으로 작성하는 것이 좋다. 현재형으로 작성해야 꿈이 진짜 이루어진 것처럼 현실감을 높일 수 있다. 내용은 꿈지도에 적은 내용을 최대한 자세하게 풀어 구체적으로 쓴다. 단순히 꿈을 이루었다가 아니라 도달과정은 어떠했고 달성은 언제 했는지 조목조목 써보자. 끝으로 꿈을 이루어 축하한다는 내용을 넣어 긍정적으로 마무리한다. 다음은 꿈을 이룬 나에게 쓴 편지의 예시다.

[예시] 최윤영(8세 딸 엄마 & 워킹맘) 님의 꿈편지

꿈을 이룬 Rebecca에게

벌써 꿈지도를 그린지 2년이 되었네! 그 시간 동안 원했던 것처럼 동네에서 소문난 영어 강사가 되었네! 호텔실무영어 강사도 계속하게 되고, 얼마나 노력했는지 알기에 당연해! 바쁜 와중에도 은서, 초등학교 적응도 잘 시켜서 2학년 때도 연속으로 반장을 하고 있다니 너무 기뻐! 남편도 너의 도움으로 석사 공부도 하고, 대학 강의도 꾸준히 한다니 정말 칭찬해!

집을 장만한다는 꿈도 멀게만 느껴졌는데 벌써 내년이면 분양받은 아파트에 입주한다니 너무 축하해! 그 기념으로 다음 달에 떠날 뉴질랜드 가족여행도 너무 기대돼. 이 모든게 긍적적인 마인드를 지킨 너의 힘이야! 바쁜 와중에 바리스타 자격증도 따고, 열심히 운동해서 결혼 전 아가씨의 몸매도 되찾고, 어려울 것만 같았던 너의 꿈을 이루어서 너무 기특해! 앞으로도 계속 나아가는 너의 모습을 응원할게! 멋진 여성, 훌륭한 엄마, 헌신적인 아내를 모두 소화하고 있는 네가 너무 자랑스러워!

2020년 12월 24일

자랑스러운 Rebecca 씀

꿈편지의 효과

(1) 쓸데없는 걱정을 막을 수 있다

꿈편지를 쓰게 되면 꿈이 명확해지기 때문에 쓸데없는 걱정을 하지 않게 되며, 걱정되는 일에도 대처방안을 마련해 적절하게 대응할 수 있게 된다. 미국의 미시간대학교 연구팀에 따르면 우리가 걱정하는 일의 80%는 일어나지 않는다고 한다. 그리고 나머지 20%도 순서를 정하고 생각을 정리해 보면 그 중 80%는 사전에 막을 수 있다고 한다. 결국 따져보면 걱정이 현실이 되는 확률은 고작 4%에 지나지 않는다. 100번 걱정할 것을 줄여 4번만 걱정하면 되니 남는 에너지는 더 효율적으로 활용할 수 있게 된다.

(2) 스트레스가 해소된다

꿈꾸고 노력하는 엄마가 스트레스가 더 많을 것 같지만 꿈이 있는 엄마가 스트레스가 더 적다. 꿈은 강한 호기심과 의욕을 유발하기 때문이다. 꿈꾸고 노력하는 과정에서 일명 '의욕의 뇌'라고도 불리는 측좌핵이 강하게 자극되어 뇌 속에 방대한 시스템이 가동되며 목표를 달성하려고 노력한다고 한다. 이런 연속적인 활동이 뇌를 활성화시키고 이완시키기 때문에 꿈을 꾸고 노력하는 엄마의 스트레스가 더 적은 것으로 밝혀졌다.

(3) 핑계대지 않고 행동할 수 있다

시간과 돈은 누구에게나 한정되어 있다. 꿈을 이루지 못한 사람들은 하나 같이 시간이 없고 돈이 부족해 꿈을 이루지 못했다고 이야기한다. 하지만 어쩌면 그런 말들은 모두 핑계에 불과할 수 있다. W.R 휘트니는 "사람들은 자신이 하고 싶은 일을 할 수 없는 수천 가지 이유를 찾고 있는데, 정작 그들에게는 그 일을 할 수 있는 한 가지 이유만 있으면 된다."고 말했다. 꿈지도와 꿈편지를 통해 다소 느슨해진 나의 생각과 핑계에 제동을 걸어보자.

(4) 꿈의 실현력을 키울 수 있다

꿈지도와 꿈편지는 우리 몸속에서 꿈을 실현하는 장치를 끊임없이 가동시키는 연료이다. 꿈을 꾸고 있다면, 그것을 적은 후 내 눈으로 보고 소리 내어 읽어보자. 매 순간순간 꿈을 향한 끊임없는 노력과 꿈지도와 꿈편지가 만난다면 우리의 꿈은 우리를 절대 배신하지 않을 것이다.

꿈지도를 만들고 꿈편지까지 쓰면 꿈은 단순히 몽상이나 허상에 머물지 않고 '현상'으로 다가온다. 꿈지도와 꿈편지는 꿈을 현실로 만드는 기적의 솔루션(solution)이 될 것이다.

엄마의 한평생, 6가지 생각정리하루습관이 결정한다

소위 말하는 성공한 사람, 꿈을 이룬 사람들을 볼 때면 나는 늘 그 비법이 궁금했다. 부러움과 함께 나도 저렇게 꿈을 이루고 싶다는 간절함으로 집요하게 책과 강의를 통해 파헤친 결과, 드디어 그 비밀을 알아냈다. 사람과 상황마다 다소 차이는 있겠지만 꿈을 이룬 사람들의 비결은 바로 철저한 시간관리를 통한 '완벽한 하루경영'과 '꼼꼼한 하루점검' 그리고 '긍정적인 습관'에 있었다. 오늘을 제대로 살지 않으면 우리는 더 나은 내일을 기대할 수 없기 때문이다.

지금까지 인생그래프, 꿈지도, 꿈편지로 과거와 현재·미래를 정리하고 그려봤으니 이젠 꿈을 이룰 습관을 만들어야 한다. 여기에서는 엄마의 꿈길에 꼭 필요한 6가지 생각정리하루습관을 소개한다.

하루의 마무리는 데일리리포트를 작성하며, 매일 더 나은 하루를 욕심낸다면 당신의 꿈은 머지않아 곧 현실이 될 것이다.

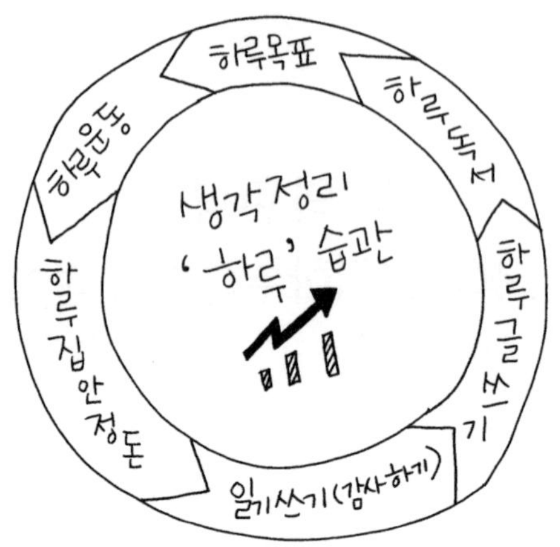

습관이 먼저다

미국의 심리학자 윌리엄 제임스는 "우리 삶은 습관 덩어리일 뿐이다"라고 말했다. 즉, '생각이 바뀌면 행동이 바뀌고, 행동이 바뀌면 습관이 바뀌고, 습관이 바뀌면 인격이 바뀌고, 인격이 바뀌면 운명까지도 바뀐다'는 것이다. 하나의 긍정적인 습관이 건강, 생산성, 안정, 행복에까지 다양하게 영향을 준다. 따라서 좋은 습관은 계속 유지하고 가꾸어 나가야 할 것이고, 나쁜 습관은 벗어나려는 의식적인 노력을 통해 좋은 습관을 만들어야 할 것이다.

생각이 바뀌면 행동이 바뀌고,
행동이 바뀌면 습관이 바뀌고,
습관이 바뀌면 인격이 바뀌고,
인격이 바뀌면 운명까지도 바뀐다.

잘못된 습관의 굴레에서 벗어나는 방법

그렇다면 우리는 어떻게 잘못된 습관의 지배에서 벗어날 수 있을까? 찰스 두히그의 저서 『습관의 힘』에서는 이렇게 말하고 있다.

(1) 결심

생각의 힘은 무궁무진하다. 스스로를 바꾸는 방법은 결심에서 출발한다. 스스로 정하지 않으면 운명의 힘, 말 그대로 습관의 힘에 끌려 다니게 된다. 내 삶의 주인공은 나다. 내 의지대로 인생을 설계하고 끌고 가겠다는 의식적인 결심을 지속적으로 다질 필요가 있다.

(2) 습관의 고리 찾기

습관의 고리 찾기의 핵심은 기록하는 것이다. 우리는 어떤 행동을 할 때 단순히 행동하는 것이라고 생각하지만 이 책에서는 그렇지 않다고 말한다. 행동을 하기 전 신호가 있고, 행동을 한 후에는 보상의 기전으로 반복행동이 되는 것이다. 영국 런던대 제인 워들 교수팀은 일반인 참가자들을 대상으로 같은 행동을 얼마나 반복해야 생각이나 의지 없이 자동적으로 반사행동을 하게 되는지 실험했다. 그 결과 평균 66일이 지나야 생각이나 의지 없이 자동적으로 행동할 수 있는 습관으로 자리잡게 되는 것을 확인했다.

즉, 습관을 완전히 익히는 데에는 평균적으로 66일의 시간이 걸린다는 것이다. 66일 동안 구체적으로 신호와 반복행동, 보상의 내용을 매일 기록해 보고, 반복행동으로 굳어지는 패턴을 파악해 보자. 여기서 습관을 바꾸기 위한 핵심은 신호와 보상은 그대로 두고, 행동을 긍정적인 방향으로 바꾸고 반복하는 것이 주요 포인트다. 반대로 좋은 습관은 의식적으로 신호와 보상체계 안에 녹여 몸에 배도록 하면 된다.

(3) 여러 사람들과 함께 반복하기

많은 사람들과 함께하거나 멘토의 피드백을 받으면서 습관을 바꾸기 위한 긍정적인 대체습관을 반복하면 그 힘이 더욱 강력하게 자리잡는다.

마지막으로 습관에는 연쇄효과가 있어 다른 습관에도 영향을 미친다. 인생의 6대 핵심습관으로는 하루계획을 세우고 실천하기, 독서, 글쓰기, 운동, 집안정돈, 일기쓰기가 있다.

6가지 생각정리하루습관으로 꿈을 이루는 시스템을 만들자

모든 습관의 바탕에는 생각정리가 바탕이 되어야 하고, 생각정리하루습관은 나의 꿈을 이루는 강력한 꿈시스템이 되어줄 것이다. 여기서는 6가지 생각정리하루습관의 목적, 이유와 그 효과에 대해 간략히 소개하고, 자세한 내용은 다음 절에서 각각 자세하게 설명하겠다.

하루습관 × 생각정리스킬 = 엄마의 생각정리하루습관

(1) 하루목표

오늘 최선을 다해 보낸 하루는 내일의 가치를 상승시킨다. 따라서 오늘 하루의 시간을 어떻게 쓸 것인지에 대한 명확한 하루목표를 통해 계획을 짜는 것이 무엇보다 중요하다. 하루는 인생의 축소판이다. 오늘 하루가 모여 우리 인생 전체가 되는 것이다. 오늘 제대로 산 하루가 인생 전체에 영향을 미칠 수밖에 없음을 기억하고, '우공이산'의 자세로 하루하루의 목표를 이루기 위한 작은 노력을 꾸준히 반복해 보자.

(2) 하루독서

독서는 엄마의 꿈을 이루는데 가장 중요한 요소다. 내로라하는 기업의 CEO들이 눈코 뜰 새 없이 바쁜 일정 속에서도 독서 시간만큼은 가장 우선순위로 배분한다. 가정의 CEO인 엄마도 나의 인생을 위해 그리고 엄마 역할을 잘 수행하기 위해 단 한 장을 읽을지라도 매일 책을 읽는 습관이 중요하다. 또한 독서는 엄마의 꿈을 향한 마중물이기 때문에 그 중요성은 아무리 강조해도 지나침이 없다.

(3) 하루글쓰기

엄마의 글쓰기 습관은 엄마와 아이의 질문력과 글쓰기 능력 향상에 도움이 된다. 또한 글쓰기 기술의 향상은 빠르고 합리적인 사고를 가능하게 해서 결정장애에서 벗어나게 해주며, 엄마의 감정을 돌보고 자존감을 향상시키는 요인이 되기도 한다. 글쓰기를 잘하려면 우선 책상에 앉아 한 글자라도 매일 꾸준하게 써보는 것이 중요하다.

(4) 하루운동

엄마의 운동습관은 엄마 자신과 아이를 위한 선택이 아닌 필수습관이다. 시간적·금전적 여유가 된다면 운동센터에 등록해 일정한 시간 동안 운동하는 것이 좋다. 하지만 여유가 되지 않더라도 생활 속에서의 틈새운동으로 꾸준히 체력을 관리해야 한다. 엄마의 운동습관은 엄마 자신의 활기찬 생활을 만들고, 아이의 인성 형성과 체력 증진에도 도움을 줄 수 있다.

(5) 하루집안정돈

집의 정리정돈 상태는 엄마의 마음 상태를 보여준다. 깔끔하게 정리된 집안은 명쾌한 생각정리와 의사결정을 가능하게 하며 가족의 건강을 위해서도 필수불가결한 요소다. 분류 → 정돈 → 유지의 과정을 거쳐 정리하고, 매일 정리정돈한 내용을 데일리리포트에 적으면서 정리력을 유지한다.

엄마의 집안정돈 습관은 엄마 자신의 마음과 인생의 긍정적인 변화까지도 가져올 수 있다. 또한 아이에게도 무형자산인 정리습관을 대물림해 줄 수 있으며, 이는 아이의 생각과 인생의 변화도 함께 따라오게 하는 위대한 습관이다.

(6) 일기쓰기(감사하기)

데일리리포트에 써도 좋고, 일기장이나 디지털 기기에 써도 좋다. 일기는 매일 자유롭게 쓰되 긍정적이고 감사의 내용이 들어가는 게 좋다. 긍정과 감사는 또 다른 긍정과 감사를 불러오기 때문이다. 또한 일기쓰기는 내면 깊이 숨어있던 진실한 나와 마주할 시간을 주고, 잃어버린 꿈까지도 탐색할 수 있게 한다. 긍정과 감사의 내용으로 매일 일기를 쓰는 것은 단순히 일기를 쓰는 행위에 지나지 않고 나 자신을 긍정적이고 적극적으로 변화시킬 수 있는 위대한 힘을 가지고 있다.

데일리리포트로 점검하는 6가지 생각정리하루습관

'프랭클린 다이어리'로 유명한 벤자민 플랭클린은 젊은 시절, 즉흥적이고 무계획적인 삶을 살았다고 한다. 그러나 무절제한 삶이 자신에게 아무런 도움이 되지 않는다는 사실을 깨닫고 절제, 침묵, 정돈, 결심, 검소, 근면, 진실, 정의, 중용, 청결, 평온, 금욕, 겸손이라는 13가지 금욕에 관한 덕목을 만든다. 그리고 이를 수첩에 적고 날마다 실행한 결과 시간관리와 자기계발의 대명사가 되었다. 이처럼 기록을 남기는 사람과 남기지 않는 사람은 큰 차이를 보인다.

데일리리포트는 하루습관에 관심이 많은 필자가 '엄마의 생각정리스킬'의 원리와 하루습관의 원리를 함께 녹여내 직접 개발한 생각정리 도구이다. 생각정리하루습관과 시간관리에 효율적인 도구이니 잘 활용하기 바란다.

매일 데일리리포트에 직접 손으로 쓰며 하루를 정리하면 막연하게 머릿속으로만 정리하는 것보다 내가 어떻게 하루의 시간을 쓰고 낭비하는지에 대해 속속들이 파악할 수 있다. 당장 오늘부터라도 데일리리포트로 하루를 마감하는 습관을 들여 하루 24시간을 어떻게 보

1주차	하루계획	독서	생각정리 글쓰기	집안정리	운동	일기쓰기 (감사하기)
1일	O	O	O	O	O	O
2일	O	O	O	O	O	O
3일	O	O	O	O	O	O
4일	O	O	O	O	O	O
5일	O	O	O	O	O	O
6일	O	O	O	O	O	O
7일	O	O	O	O	O	O
한주평가	O	O	O	O	O	O

내고 있는지 객관적으로 들여다 보며 반성의 계기로 삼아보자. 또한 하루 1분이라도 낭비하는 시간을 절약해 나에게 조금이라도 도움이 되는 시간으로 바꾸려는 의식적인 노력을 기울여 보자. 작은 한 걸음의 노력이 모여 나의 꿈에 한 발짝 더 다가가는 희망찬 발걸음이 될 것이다.

처음에는 습관을 형성하는 것이나 데일리리포트 작성이 어려울 수 있다. 그러나 내 행동이 바뀌지 않으면 인생도 바뀌지 않는다. 반면 하나의 작은 습관 변화와 그 파장이 인생 전체의 변화를 가져올 수 있다. 사소한 변화라고 생각할 수 있지만 인생은 모르는 일이다. 혹시 아는가? 사소한 변화가 나비의 날갯짓이 되어 내 인생 전반의 변화를 가져올지….

이제 선택은 당신의 몫이다

각자의 여력과 상황에 따라 6가지 습관 중 일부를 선택해서 매일 실천하는 방법도 있고, 모두 다 실천하는 방법도 있다. 물론 추천하는 방법은 6가지 습관을 매일 조금씩이라도 꾸준하게 실천하는 것이다. 참고로 데일리리포트와 습관점검표 양식 또한 책의 부록에 수록되어 있다.

배우 홍지민은 세바시 강연에서 출산 후 다이어트를 하며 매일매일을 '오늘 딱 하루만 건강한 생활을 하고 건강하게 먹자'라고 생각했다고 한다. 그저 오늘 딱 하루만 내가 목표했던 바를 이뤄보자라는 작은 생각들, 작은 하루들이 모여 마침내 그녀가 원하는 목표지점까지 도달하게 만든 원동력이 되었다. 생각정리하루습관도 마찬가지다. '오늘 딱 하루만 실천해 보자'라는 작은 결심을 해보자. 그리고 작은 실천을 해보자. 그렇게 생각정리하루습관의 힘을 믿고, 매일 꾸준하게 실천한다면 당신의 목표와 꿈은 마침내 현실이 될 것이다.

오늘 딱 하루만 실천해 보자!

하루목표

선은 점들의 집합이다. 점들이 모여 선을 이룬다. 우리 인생도 마찬가지다. 하루가 모여 한 주가 되고, 한 달이 되고, 일 년이 된다. 만일 오늘 하루를 허투루 살았다면 허투루 산 오늘 하루가 내일에 부정적인 영향을 끼치고, 그 내일이 다시 다음 날에 악영향을 주게 된다. 결국 오늘 하루를 허투루 살았을 뿐인데 내 인생 전체가 허투루 산 인생이 되고 마는 것이다. 이것이 바로 오늘 하루를 최선을 다해 살기 위해 노력해야 하는 이유다. 또한 이것이 왜 하루목표가 중요한지에 대한 답이 될 수 있을 것이다.

만다라트로 하루 전 계획하는 하루목표

매일 밤 일기를 쓰고, 데일리리포트 뒷장에 내일의 하루목표를 만다라트로 그려보자. 매일 밤 하루 먼저 내일의 계획을 세우는 것은 누구에게나 공평하게 주어진 24시간을 더 길게 활용할 수 있는 방법이다.

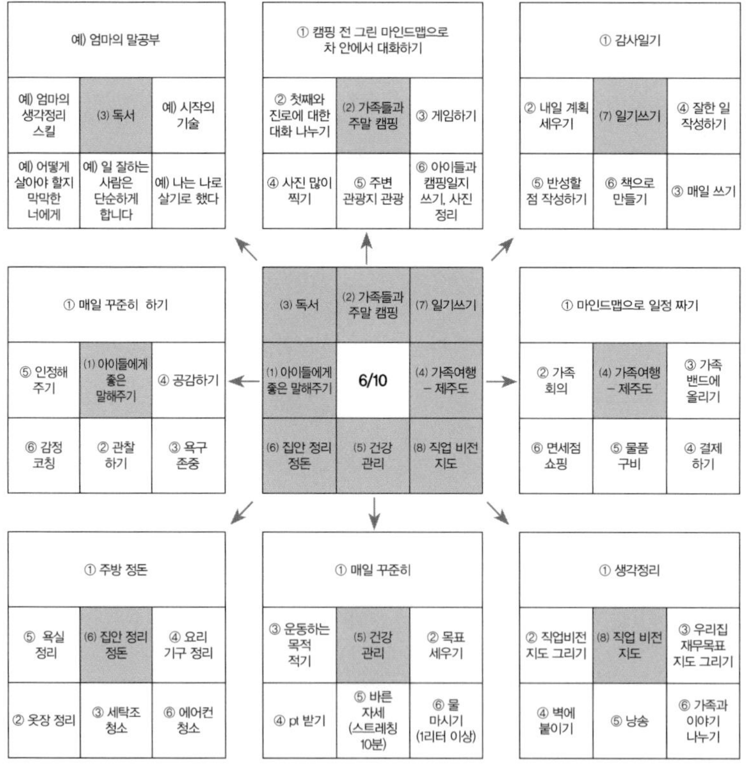

만다라트로 하루목표를 설정하면 한눈에 파악할 수 있다. 뿐만 아니라 남은 빈 칸을 채우고 싶은 욕망이 생겨 더 구체적으로 목표를 계획할 수 있도록 도와주며, 우선순위에 따른 실천력을 높여준다.

데일리리포트로 점검하는 하루목표

하루목표의 점검은 하루습관 실천 여부를 체크하는 것부터 시작해 시간별 활동내용을 점검하고 낭비되는 시간은 없는지 파악할 수 있다. 여기서 중요한 것은 너무 타이트하게 하루계획을 세우지 말라는 것이다.

서울ND의원 박민수 원장과 박민근 독서치료연구소 소장이 공저로 쓴 『공부호르몬』에서는 '몸' '마음' '뇌'의 조화로운 상태가 궁극적으로 공부호르몬을 활성화한다고 말한다. '몸'의 구체적인 내용으로는 충분한 양과 질의 수면, 꾸준한 운동, 균형잡힌 식단, 충분한 휴식의 네 가지다. '뇌'의 내용은 독서, 간단한 글쓰기, 명상이며, '마음'의 내용은 치유와 인간관계, 여가활동을 꼽았다.

아이가 학교나 유치원에서 돌아오기 전까지 중간중간 휴식과 여가활동시간을 충분히 가지고, 충분한 수면시간을 확보할 것을 권한다. 너무 무리하지 않고, 자신에게 적합한 수준으로 꾸준히 실천하는 것이 더 중요하다. '등고자비(登高自卑)', 높은 곳에 오르려면 낮은 곳부터 시작하라는 말이다. 자신의 수준에 맞게 꾸준하고 착실히 보낸 하루하루가 차곡차곡 모이면 내일이 주는 반전의 짜릿함을 맛볼 수 있음을 기대하고 힘을 내보자.

하루독서

2016년 보건복지부에서 실시한 정신질환실태역학조사에 따르면 주요 우울장애를 경험한 성인 여성 10명 중 1명(9.8%)은 산후우울증을 앓고 있으며, 산후우울증으로 진료를 받은 환자는 산후우울증을 앓고 있는 여성의 약 1%에 불과하다고 한다. 사실 치료를 받을 경제적인 여유가 없는 것도 이유이겠지만 무엇보다 시간적 여유가 허락되지 않는 엄마들의 현실이 반영된 결과가 아닐 수 없다. 시간과 경제적 여건이 허락되지 않는 엄마들에게 사실 정기적이면서도 적지 않은 시간과 고가의 비용을 내야 하는 심리치료는 언감생심 꿈도 꾸기 어려운 것이 현실이다.

시간적·경제적 요건을 전반적으로 고려했을 때 산후우울증으로 힘들어 하는 우리 엄마들에게 독서치료(bibliotherapy)는 가장 적절한 대안이 될 수 있다.

네이버 지식백과에 따르면 '독서치료'는 책(biblion)과 치료(therapia)라는 그리스어에서 유래했으며, 문헌정보학 분야에서는 상당히 오래된 개념이라고 말한다. 또 고대의 가장 오래된 도서관인 테베에는 '영혼을 치유하는 곳'이라는 현판이 있었고, 알렉산드리아의 도서관에서는 책을 '영혼을 치유하는 약'이라고 불렀다고 전해진다. 고대 그리스인들은 이처럼 문학에 대한 대단한 믿음이 있었는데, 이런 역사적 사례들은 고대로부터 책이 가지고 있는 치료적인 효과를 입증하는 기록임을 보여주는 예이다.

현대에 와서는 1930년대 미국에서부터 독서가 치유 경험이 될 수 있다는 전제하에 복잡한 정신문제 해결을 위한 방법으로 활용되기 시작했다고 전한다. 사실 책만큼 몸과 마음이 힘든 우리 엄마들을 위로하는 치유제는 없을 것이다.

『아이가 잠들면 서재로 숨었다』의 김슬기 저자는 스스로 독서모임을 만들고 다른 엄마들과 함께 책을 읽으며 인생을 변화시킨 전환점을 만들어 냈다고 자신의 책을 통해 고백하고 있다. 이밖에 인생을 변화시킨 많은 엄마들이 고단한 자신의 삶을 위로하고, 삶의 크고 작은 문제를 해결하고 삶을 바꾼 기폭제의 역할을 한 것은 다름 아닌 책이라고 이구동성으로 말하고 있다.

나 또한 산후우울증을 이겨낼 수 있었던 가장 큰 원동력은 매일 밤 아이가 잠든 후 읽고 또 읽었던 책이다. 또한 끊임없이 책을 읽는 재미에 맛들려 책을 읽은 권수가 3,000권이 넘어갈 무렵 이 책 『엄마의 생각정리스킬』을 기획해 지금 이 순간 이렇게 책을 쓰는 영광을 누리고 있다. 사실 멀리서 찾을 것도 없이 내가 바로 '책'을 통해 극심한 산후우울증을 치료하고, 꿈도 찾은 엄마의 산증인인 셈이다. 이것이 지금 몸과 마음이 힘들고 지친 엄마들, 꿈을 찾고 싶은 엄마들에게 도시락까지 싸들고 다니며 독서를 권하는 이유이기도 하다.

엄마의 독서습관은 엄마경영의 핵심습관이다

엄마의 독서습관은 엄마경영의 핵심이다. 가정의 CEO인 엄마가 해야 할 업무는 범위도 그 내용도 다양하다. 이때 엄마는 독서를 통해 가정 안팎의 크고 작은 문제에 대한 대처능력을 키워 가정경영을 탁월하게 해낼 수 있다. 뿐만 아니라 독서를 통해 아이와 엄마가 서로의 감정을 이해할 수 있어 아이의 문제에 효과적으로 대응할 수 있으며, 엄마 스스로를 경영하는 데에도 큰 도움이 된다. 무엇보다 엄마가 책을 읽으면 아이는 엄마의 모습을 보고 자연스럽게 책을 읽는 습관을 만들 수 있다.

그렇다면 엄마는 언제 책을 읽을 수 있을까? 육아에 살림에 내조에 할 일이 끝도 없는 엄마들이 책을 읽을 수 있는 시간은 아이가 등원·등교한 후에나 혹은 아이가 잠든 뒤, 엄마의 일을 어느 정도 끝낸 이

후에 생기는 시간 정도다. 그렇기에 오랜 시간 진득하니 책을 읽기보다 짬이 날 때마다 수시로 읽는다고 생각하는 자세가 중요하다.

엄마의 독서정리스킬 ① **실천적 독서를 위한 '생활밀착형 독서법'**

독서가 힘들고 부담스럽다고 생각하는 이유는 책을 처음부터 끝까지 모두 읽어야 한다고 생각하기 때문이다. 하지만 책은 읽는 것이 아니라 활용하는 것에 중점을 두어야 한다. 처음부터 끝까지 읽었음에도 이렇다 할 결과를 내지 못하거나 당면한 문제를 해결하지 못한다면 독서시간은 그저 의미없는 시간일 뿐이다. 책을 통해 지식을 얻고, 실천을 통해 문제를 해결해야만 올바른 독서라고 볼 수 있다.

그런 의미에서 바쁜 엄마들을 위해 '생활밀착형 독서법'을 추천한다. 생활밀착형 독서법이란 책 전체를 다 읽지 않더라도 내 삶의 문제를 해결하거나 적용할 만한 내용이 나오면 한 줄의 내용이라도 정리하고 실천하기를 권하는 독서법이다. 즉, 책의 내용 중에서 유용한 부분을 발견하면 데일리리포트나 독서노트에 그 즉시 내용을 정리한다. 그리고 나의 현실에 대입해 나만의 해결방법이나 적용방법을 적어보자. 독서를 통해 현재의 문제를 해결하는 습관을 들이는 것, 책의 내용을 한 줄이라도 실천하는 독서! 이것이 생활밀착형 독서법의 핵심이다.

생활밀착형 독서법으로 책을 읽을 때는 다음의 양식에 맞춰 정리하면 좋다.

생활밀착형 독서법 : PSCA 전략	
책 제목	엄마의 생각정리스킬
읽은 날짜	6/10
P (문제)	꿈을 찾고 싶은데 꿈이 없다.
S (해결책)	마인드맵으로 나에 대해 그려보면서 내가 잘하고 좋아하는 일을 찾아보고, 꿈을 찾아야겠다.
C (적용 구절)	꿈을 이루는데 필요한 요소는 꿈지도와 꿈편지, 생각정리하루습관이다.
A (실천방법)	나의 꿈을 찾았으면 꿈지도를 그리고 꿈편지를 써봐야겠다. 그리고 66일만 눈 딱감고 6가지 생각정리하루습관을 실천해 봐야겠다.
종합	나의 꿈을 찾기 위해 마인드맵으로 나를 알아보고 찾는 시간을 가지고, 꿈지도 + 꿈편지 + 생각정리하루습관으로 꿈을 이룰 수 있도록 노력해야겠다.

P는 현실의 문제점을, S는 책 속에서 찾은 해결책을 적고 이를 통해 나만의 해결책을 찾아본다. C는 책 속에서 찾은 현실에의 적용 구절을, A는 나만의 구체적인 실천방법을 의미한다.

내 돈을 들여서 책을 샀든 빌려서 읽었든 일단 내 손안에 들어온 책은 책의 내용이 이상하거나 나에게 전혀 맞지 않는 게 아니라면 최소한 한 줄이라도 실천하겠다는 마음, 한 가지의 문제라도 실천하겠다는 마음이 중요하다. '생활밀착형 독서법'은 참지식은 반드시 실행이 따라야 한다는 '지행합일'을 위한 독서법이다.

엄마의 독서정리스킬 ② **남독(남는 독서)을 위한 서평 작성법**

남독(남는 독서)을 하기 위해서는 서평 작성을 추천한다. 서평은 데일리리포트나 독서노트에 간단히 작성해도 좋고, 개인 블로그나 포스트, SNS에 작성해도 무방하다. 서평의 길이는 1,500자(A4용지 1장) 정도로 작성하는 것이 가독성을 위해 좋다. 서평 작성을 위해 가장 먼저 할 일은 글감을 찾는 것이다.

글감을 찾은 후에는 다음의 서평 개요 작성법을 바탕으로 마인드맵을 이용해 글의 90% 정도까지 직접 서평을 작성해 본다. 일반 글로 작성하는 방법보다 마인드맵으로 작성하면 훨씬 더 탄탄한 구조의 짜임새를 자랑하는 서평을 쓸 수 있다. 아직 서평이 어렵고 서투른 엄마의 경우에는 아이들과 함께 그림책을 읽고, 그림책 서평부터 작성해도 좋다.

글 제목	내 마음속 진짜 괴물을 물리칠 용기가 필요해
책 제목	『진짜 괴물』(김미애 글, 소복이 그림, 문학과 지성사 펴냄)
읽은 날짜	7/10
〈처음(1문단)〉 책을 읽은 동기 / 저자 소개 / 책의 전체 구조와 내용 / 느낌 소개	'툭' '투둑'. 상수리나무 숲 서쪽 구석에서 심상치 않은 소리가 난다. 첫 문장부터 아이들의 앵두같은 빨간 입술이 앙 오므라지며 '뭐지'라는 호기심과 흥미를 절로 이끌어 낼 것만 같은 강렬한 시작이다. 『진짜 괴물』은 곰 할아버지와 맷돼지, 고슴도치라는 각기 다른 캐릭터인 세 인물의 등장과 호박이라는 물건을 두고, 진짜 괴물의 정체를 찾아가는 흥미진진한 스토리를 엮어가는 그림책이다.
〈가운데(3문단)〉 책 속 인상깊은 내용 1 + 감상	이야기의 전개과정에서 어린이들이 느낄 수 있는 첫 번째 독서의 즐거움은 느낌의 즐거움이다. 우선 인물들이 주는 즐거움을 꼽을 수 있다. 어린이들은 이 책을 통해 곰 할아버지, 맷돼지, 고슴도치라는 각기 다른 세 인물을 만나게 된다. 곰 할아버지를 통해서는 맷돼지와 고슴도치의 문제에 대해 깊이 공감하고, 해결해 주고 싶어 하는 지혜로운 어른의 면모를 통해 감동을 느낄 수 있다. 하지만 정작 곰 할아버지는 이야기의 후반부에서 맷돼지와 고슴도치의 문제를 해결해주러 온 원래의 의도는 까맣게 잊고, 배고픔에 못이겨 호박을 먹어치운다. 그것만으로도 모자라 남은 호박마저 모조리 가방에 싸가지고 가는 인정없는 어른의 면모에서는 실망을 넘어 울분을 느낄 것이다. 이와 반대로 눈앞에 호박을 두고도 먹지 않고 참으며 스스로도 훌륭하다고 평하는 맷돼지와 맛있는 벌레가 생길 것을 기대하며 다섯 개의 구멍을 뚫어놓은 고슴도치의 끈기에 마치 자신이 참고 기다린 듯한 뿌듯함을 느낄 수도 있을 것이다.
〈가운데(3문단)〉 책 속 인상깊은 내용 2 + 감상	두 번째로 이야기의 전개에서 주는 즐거움을 꼽을 수 있다. 정체모를 동물이 다녀간 자국과 쿵쿵거리는 소리, 순식간에 찌르고 바람처럼 달아난 가시등의 끊임없는 유추를 통해 맷돼지와 고슴도치가 진짜 괴물의 정체를 궁금해하는 편지의 내용을 따라가다 보면 어린이들은 무섭지만 즐거움을 느낄 수 있다. 이렇게 박진감 넘치는 이야기의 전개는 호기심과 두려움, 궁금증을 유발한다. 무섭지만 용기를 내어 진짜 괴물을 찾으려는 맷돼지와 고슴도치의 도전에 어린이들이 마음속에도 없던 용기까지 불끈 솟아오르게 하는 힘을 주기도 할 것이다.
〈가운데(3문단)〉 책 속 인상깊은 내용 3 + 감상	세 번째는 그림이 주는 즐거움이다. 만화가이자 일러스트레이터인 소복이 작가는 세 동물의 편지로 묘사되는 상수리나무 숲 속의 온갖 상황을 재치 있고 세세하게 드러냈다. 곰과 맷돼지, 고슴도치만의 성격을 나타내는 편지의 필체, 글이 없어도 인물의 표정과 동작, 상황을 이해할 수 있도록 속속들이 묘사한 그림은 진짜 괴물을 찾아나서는 동물들의 긴박하고도 재미난 이야기를 더욱 풍성하게 만들어 주고 있다.
〈끝(1문단)〉 글 전체의 요약과 느낌 정리 / 이 책을 추천하는 이유	우리 마음 속에는 누구나 괴물이 살고 있다. 여기서 중요한 것은 우리 마음 속 괴물의 존재가 아니다. 괴물을 바라보는 우리의 생각과 태도가 더 중요하다. 두려운 마음을 억누르고, 괴물을 물리치겠다는 내 마음속의 단 1g의 용기라도 있다면 그 어떤 괴물도 물리칠 수 있다. 우리 마음 속 괴물을 물리치고 싶은 용기가 필요한 아이는 물론 어른들에게도 추천하고 싶은 그림책이다.

엄마의 독서정리스킬 ③ **독서리스트 작성**

마지막으로 독서리스트 작성을 통해 나의 주된 관심분야도 파악하고, 꾸준히 책을 읽을 수 있는 동력을 만들 수도 있다.

나의 독서리스트					
	분류	제목	저자	시작일	완료일
1	소설	82년생 김지영	조남주	7/2	7/4
2	가정/육아	엄마의 말공부	이임숙	7/5	7/9
3	인문	김대식의 빅퀘스천	김대식	7/9	7/17
4	인문	열두 발자국	정재승	7/18	8/4
5	가정/육아	내 아이를 위한 감정코칭	존 가트맨, 최성애, 조벽	8/5	8/9
6	자기계발	몸짓 읽어주는 여자	이상은	8/10	8/12
7	경제경영	내 통장 사용설명서	이천	8/13.	8/15
8	자기계발	공부호르몬	박민수 · 박민근	8/16.	8/18
9	가정/육아	오늘 엄마가 공부하는 이유	이미애	8/19	8/21
10					
11					
12					
13					
14					
15					
16					
17					
18					
19					

하루글쓰기

영국의 고대 철학자 프랜시스 베이컨은 "독서는 완전한(full) 사람을, 토론은 준비된(ready) 사람을, 쓰기는 정밀한(exact) 사람을 만든다"고 말했다. 완전한 사람을 만드는 독서를 했다면 그 다음은 무엇을 해야 할까? 이제는 정밀한 사람을 만드는 글쓰기를 할 차례다. 책을 읽는 것만으로도 큰 마음을 먹은 것이겠지만 이왕지사 먹은 큰 맘 한 번 더 굳게 먹어보자. 책을 읽는 것에서 한 발 더 나아가 꾸준히 생각을 정리하고 글로 쓴다면 퍼스널 브랜딩은 물론이고 인기 브런치 작가, 인기 블로거가 되는 등 무궁무진한 기회가 눈앞에 펼쳐질 것이다.

글쓰기의 시대에 살아남는 엄마의 글쓰기

현대 사회는 글쓰기의 시대라고 해도 과언이 아니다. 글쓰기로 밥 먹고 살 수 있는 세상이 된 것이다. 향상된 엄마의 글쓰기 실력은 재취업시 눈에 띄는 자기소개서를 작성할 때나 면접시 짧고 굵은 답변으로 미친 존재감을 발산할 때에도, 1인기업가로서 홈페이지나 SNS에서 한 줄 한 줄의 카피 문구나 타임라인의 글을 작성하는 등 사소한 듯 하지만 사소하지 않은 일을 할 때도 더 큰 기회요소를 가져다 줄 것은 자명한 이치다.

그렇다면 엄마의 글쓰기 습관이 도대체 왜 중요하고, 어떤 영향을 미칠까?

첫째, 엄마의 글쓰기 습관은 당연하지만 글쓰기 능력 향상에 도움이 되고, 아이의 글쓰기 습관 함양과 능력 향상에도 도움을 줄 수 있다.

둘째, 결정장애에서 벗어나는데 도움이 된다. 글을 쓰려면 뇌가 활성화되어야 하는데 이 과정에서 사고력과 분석력이 향상된다. 또한 글쓰기 기술의 향상은 빠르고 합리적인 사고를 가능하게 하고, 더 많은 선택안을 떠올려 선택의 다양성까지 높일 수 있다.

셋째, 글을 쓴다는 것은 '왜?'라는 질문에 대한 해답이기도 하다. 글쓰기 능력이 향상되면 질문력이 향상된다. 주입식 교육은 성인들은 물론이고 아이들까지 질문하는 능력을 잃게 만들었다. '조용히 해' '얼른 하자'라는 어른들의 말이 아이들의 순수한 호기심의 싹까지 잘라버렸다. 이런 환경에서 엄마의 글쓰기 습관은 엄마와 아이의 질문력 향상에 도움이 된다.

넷째, 창의력이 향상된다. 세계적인 창의성 전문가인 뉴욕대학교 폴로머 교수는 "글쓰기는 머릿속에서만 맴돌던 모호한 생각을 구조적으로 정교하고 치밀하게 만드는 작업이기 때문에 창의력을 키우려면 다른 무엇보다 글쓰기가 중요하다"고 말한다. 따라서 잘 쓰는데 중점을 두기보다 꾸준히 글을 쓰다 보면 글쓰기 능력 향상은 물론 창의력 향상에도 도움이 된다.

다섯째, 엄마의 감정 정리다. 표현되지 않은 감정과 생각이 쌓이면 언젠가는 폭발하게 된다. 그 대상은 주로 엄마들보다 약한 대상인 아이들일 것이다. 생각과 감정은 그림이나 글, 몸짓 등 어떤 형태로든 표현하는 것이 중요하다. 따라서 엄마의 감정 정리에는 글쓰기라는 특효약의 처방이 제격인 셈이다.

여섯째, 자존감 향상이다. 엄마에게 가장 강력한 스펙은 자존감이다. 하루 한 줄 글쓰기나 짧은 일기쓰기로 작은 성공의 경험을 맛보자. 엄마가 더 행복해지는 글쓰기 육아 『나는 엄마다』의 저자이자 액션맘으로도 불리는 심소영 작가는 '글쓰기 육아'를 통해 힘든 육아의 일상을 감사의 일상으로 바꾸고, 더불어 자존감도 회복했다고 말한다. 글쓰기를 통해 향상된 엄마의 자존감 향상은 아이의 자존감까지 향상시키는 요인이 된다.

마지막은 엄마와 아이의 성장이다. 꾸준한 글쓰기 습관을 통한 엄마의 성장은 그런 엄마의 모습을 보고 자라는 아이의 전인적인 성장까지도 기대해 볼 수 있는 훌륭한 습관이다.

『뼛속까지 내려가서 써라』『글 쓰며 사는 삶』의 저자인 나탈리 골드버그는 책 한 권 찾아보기 힘든 가정에서 어린 시절을 보냈다. 독서는 할 수 없었지만 '머뭇거리지 말고 생각이 떠오르는 대로 손을 계속 움직여 글을 쓰라'는 자신만의 원칙을 매일 실천하면서 글쓰기의 고통이 글을 쓰지 않고는 하루도 살아갈 수 없는 글쓰기의 즐거움으로 어떻게 바뀌었는지를 책을 통해 담담히 전했다. 이 책의 내용이 전 세계적인 공감을 불러일으키며 글쓰기 붐을 일으킨 장본인이기도 하다. 혹시 아는가? 나의 내면에 나도 모르는 글쓰기 욕구가 활활 타오르고 있을지…. 이제 그 불씨를 과감하게 당겨보자.

글쓰기를 잘하려면 일단 책상에 앉아라

가까이 하고 싶지만 가까이 하기 어려운 당신, 잘하고 싶지만 잘하기 어려운 글쓰기. 글쓰기를 잘하려면 어떻게 해야 할까?

『대통령의 글쓰기』 강원국 저자는 '세상을 바꾸는 시간 15분'(세바시) 강연에서 그냥 아무 생각 없이 책상에 매일 앉는 것, 그 이상의 글쓰기 비법은 없다고 말했다. 또한 기생충 박사 서민 교수는 글을 잘 쓰고 싶어서 매일매일 '글쓰기 지옥훈련'을 했다고 자신의 글쓰기 일화를 '세바시' 강연에서 공개했다. 이렇듯 글쓰기는 머리로 하는 것이 아니라 엉덩이의 힘으로 하는 것이다. 또한 시간이 '나서' 하는 것이 아니라 시간을 '내서' 하는 것이다.

일단 죽이 되든 밥이 되든 매일 책상에 앉자. 그리고 잘 쓰려고 거창하게 마음먹지 말고, 짬짬이 틈을 내어 소소하게 메모를 쓰는 것부터 시작하자. 그러면 나의 뇌도 내가 글쓰기를 좋아한다고 착각하게 될 것이다. 하루 한 줄 글쓰기, 육아일기 또는 일기 쓰기, 문득 떠오른 질문이나 글귀 메모하기 등을 꾸준히 하면서 습관을 들여보자.

소설가 헤밍웨이는 모든 초고는 걸레라고 말했다. 그러니 자신감을 가지고 매일 조금씩 쓰다 보면 어느새 성장한 문장력을 보고 깜짝 놀라 감탄하는 자신을 발견하게 될 것이다.

글쓰기의 두려움을 즐거움으로 바꾸는 생각정리법

이제부터는 진짜 글쓰기 실전이다. 글쓰기를 위한 생각정리 과정은 크게 5단계로 구성된다.

(1) 계획하기

주제 및 제목, 글을 쓰는 목적을 정하는 단계다. 글이 산으로 가지 않으려면 주요 대상(타깃)을 정하고 분석하는 것이야말로 가장 중요한 시작이다.

(2) 자료수집

글의 생명은 재료다. 글의 재료가 다양하고 참신해야 좋은 글이 나온다. 책이나 논문, SNS 글, 신문기사, 인터뷰 등 다양한 재료를 통해 적재적소에 쓸 수 있는 자료를 수집해서 네이버 카페나 블로그를 비공개로 개설하여 나만의 자료를 정리하는 방법을 추천한다. 참고로 여러 명이 함께 자료 백화점을 만드는 경우에는 네이버 카페를 추천한다.

다양한 재료 중에서 그 어떤 것보다 값진 재료는 자신의 경험에서 나온 것이다. 글의 재료가 될만한 자신의 경험은 그때그때 글로 정리하고 사진이 있다면 함께 보관한다. 언제든 글을 쓸 때 용이하게 재료를 수집하고 다듬어 놓는 것이 좋은 글을 쓰는 관건이 될 것이다.

(3) 개요짜기

글을 쓰는 사람은 크게 '생각없이 글을 쓰는 사람' '생각을 하면서 글을 쓰는 사람' '글을 쓰기 전에 생각이 정리되어 있는 사람'의 세 부류로 나눌 수 있다. 따라서 글을 쓰기 전에 생각정리 도구인 마인드맵이나 알마인드를 이용해 글쓰기 개요를 꼼꼼히 작성하면 두려운 글쓰기가 아닌 즐거운 글쓰기가 가능해진다.

[예시] 알마인드로 글의 개요를 정리한 필자의 사례

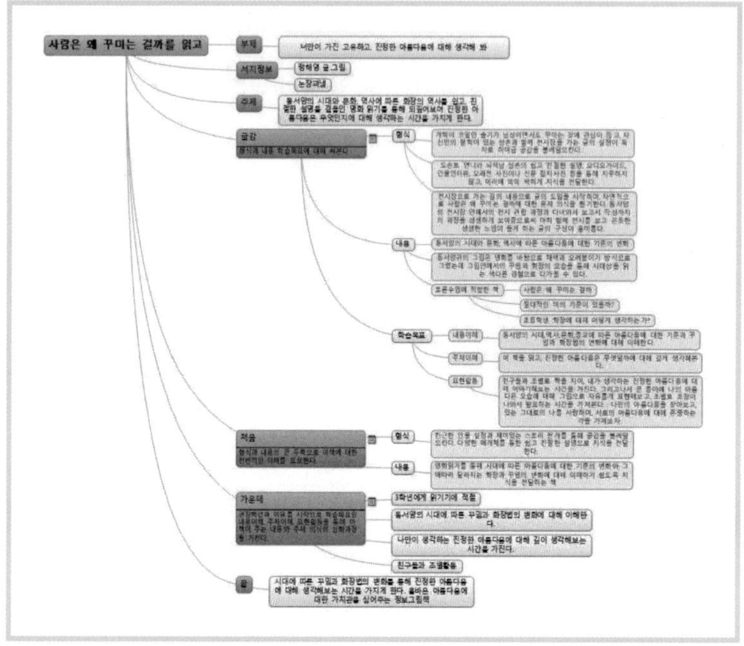

(4) 표현하기

마인드맵으로 개요를 구성할 때 유의해야 할 점은 간략히 짜는 개요가 아니라 90% 이상 완성된 글의 수준까지 작성하는 것이 포인트다. 글의 표현하기 기법은 필자가 제안하는 'WWHI 공식'을 사용해 작성하면 글쓰기가 쉬워진다. WWHI 공식은 로직트리의 논리구성에 IF를 넣어 글의 마무리까지 작성한 것이다. 즉, 글의 순서를 WHAT – WHY – HOW – IF의 순으로 작성하는 방법이다.

[예시] WWHI 공식으로 글쓰기

제목	엄마의 글쓰기 습관은 중요하다
〈도입부〉 WHAT (문제의 도입, 문제제기, 주제암시)	글쓰기 실력이 밥 먹여주는 글쓰기의 시대가 되었다. 누구에게나 중요한 글쓰기 실력이지만 엄마들의 글쓰기 실력이 무엇보다 중요하다.
〈본론〉 WHY(이유, 근거) HOW(방법, 사례)	예전에는 오로지 아이들만 잘 키우는 엄마 역할에만 집중하면 됐다. 하지만 100세 시대가 도래한 지금은 아이들을 다 키우고 난 이후의 엄마 자신의 삶에 대한 준비 또한 하루 빨리 염두에 두어야 할 것이다. 또한 글쓰기 능력이 더 중요해지는 시대를 살아갈 우리 아이들을 키우는 엄마들에게 글쓰기 능력은 필수다.
	글쓰기를 잘하고 싶지만 두려운 엄마들에게 글쓰기 공식을 권한다. WWHI 공식이다. 로직트리의 공식에 IF의 내용을 넣어 글을 마무리한 것이다. WHAT-WHY-HOW-IF의 순서에 입각해 글을 쓴다면 좀 더 쉬우면서도 논리적인 글쓰기를 할 수 있다.
〈마무리〉 IF (효과, 주장 재강조)	WWHI 공식에 맞춰 글쓰기를 연습하다 보면 엄마의 글쓰기 실력 향상은 물론 아이의 글쓰기 실력까지도 향상될 수 있다.

(5) 고쳐쓰기

초고의 자기평가 과정에서는 불필요한 부분이나 중복된 부분은 삭제하고, 내용에서 빠진 부분이나 보충해야 할 부분을 첨가한다. 글의 순서가 바뀐 부분은 재구성한다. 고쳐쓰기 단계에서 염두에 두어야 할 점은 혼자 쓰는 글은 쉽게 늘지 않는다는 것이다. 자기평가의 과정이 끝나면 다른 사람의 피드백을 받아 고쳐쓰는 방법을 추천한다.

하루글쓰기 습관은 당신의 인생에 날개를 달아줄 것이다

글쓰기 코치인 송숙희 저자의 『150년 하버드 글쓰기 비법』에 따르면 명실공히 세계 최고의 명문대학인 하버드대학교의 학생들이 졸업할 때까지 쓰는 글은 무려 50kg에 육박한다고 한다. 이미 월등한 실력으로 무장한 학생들로 가득한 명문대학교에서조차도 '기-승-전-글쓰기'를 강조하는 이유는 무엇일까? 진짜 실력을 겨루는 사회에서 마지막까지 살아남는 최종 승자가 되기 위해서는 다른 어떤 실력보다 글쓰기 실력이 중요하기 때문이다.

이때 머릿속에 염두에 두어야 할 사항은 글쓰기의 모든 과정이 '생각정리'라는 점이다. '쓸 거리'가 있으면 쓰는 것은 크게 문제되지 않는다. 따라서 글쓰기 실력의 바탕에는 바로 탄탄한 생각정리가 밑바탕에 깔려있어야 한다. 생각정리가 바탕이 된 하루글쓰기 습관은 당신의 인생의 '판'을 바꿔줄 것이다.

08

하루운동

임상심리학자 로버트 마우어 박사는 만성피로나 불안에 시달리는 엄마들에게 운동을 처방한다고 한다. 그런데 엄마들이 운동을 하기 힘든 이유는 바쁜 일상 때문이 아니라 중뇌(편도체) 때문이라고 한다. 중뇌는 규칙적인 일상에 변화가 생길 때마다 두려움을 느끼는데, 마우어 박사는 그럴수록 작은 습관부터 바꾸는 것을 추천했다.

엄마들에게 운동을 권하면 너무 거창하게 생각하는 엄마들이 많다. 하지만 일상 속에서 소소하게 할 수 있는 운동도 많다. 육아와 건강을 모두 잡는 이른바 '몸짱엄마', 낮에는 아이를 키우고 밤에는 부단한 자기계발로 성공한 '슈퍼맘' 모두 탄탄한 체력이 뒷받침되었기에 가능한 성취다.

현명한 엄마는 운동을 한다

아이를 키우기 위해서는 체력이 필수다. 육아는 최소 20년 이상의 장기 레이스이기 때문에 강철 체력의 아이들을 기르려면 엄마는 매일 꾸준한 운동을 통해 체력을 비축해야 한다. 그리고 이렇게 비축된 체력은 건강하고 활기찬 생활을 가능하게 한다. 그러다 보면 생활습관과 생각의 변화로 인해 감정의 묵은 때가 조금씩 씻겨나가며 아이에게 짜증을 내거나 화를 내는 빈도도 줄어들게 된다.

또 모든 핵심습관의 영향이기도 하지만 운동은 엄마의 자존감을 높이는 요인이기도 하다. 운동습관은 몸과 다른 습관의 변화를 부르고, 생각의 변화를 부르며, 삶의 전반에서 작은 성공 경험이 쌓이게 된다. 이로 인해 엄마와 아이의 자존감까지 향상될 수 있다. 운동은 또한 명쾌하고 심플한 생각을 가능하게 하는 요소다. 운동을 하면 스트레스 호르몬의 분비는 적어지고, 세로토닌이나 도파민 같은 긍정의 호르몬이 많이 분비된다. 긍정 호르몬의 영향으로 부정적인 생각을 비롯한 잡생각은 줄어들거나 없어진다. 반면에 명쾌하고 심플한 생각이 늘어난다.

엄마의 운동습관이 중요한 또 다른 이유는 여성의 수명이 폐경 후에도 30년이나 더 사는 100세 시대가 되었기 때문에 젊었을 때 건강을 관리하지 않았던 엄마들의 경우 폐경 후 여성 질환의 발병률이 높아진다. 이처럼 엄마의 운동습관은 폐경 후 건강한 삶을 위해서도 필수불가결한 습관이다.

마지막으로 엄마의 운동습관이 가장 중요한 이유는 아이의 운동습관을 기르는데 있어 큰 영향을 주기 때문이다. 지혜로운 엄마가 아이에게 줄 수 있는 가장 큰 선물이 바로 운동습관이다.

그러니 엄마들이여! '힘'과 '짬'을 내서 운동을 하자!

운동은 틈틈이, 꾸준하게 하라

육아로 인해 몸과 마음이 힘든데 무슨 운동이며, 아이 때문에 운동할 시간이 없다는 엄마들의 아우성이 들린다. 대리양육자 없이 하루 종일 아이와 씨름하느라 시간이 없는 영아 엄마들의 경우에는 크게 두 가지의 운동방법을 권하고 싶다. 우선 집에 운동기구를 장만해 아이가 자는 시간이나 남편이 퇴근한 후 운동을 하는 방법이 있다. 다른 방법은 아이와 또는 엄마 혼자서 '틈새 운동'을 하는 것이다. 아이와 놀면서 함께하는 간단한 동작의 운동이나 아이를 안고 시장을 갈 때 빠른 걸음으로 걷는다던지 하는 일상 속에서의 운동방법을 찾아보자.

아이가 기관에 다니거나 대리양육자가 있는 경우에는 매일 일정한 시간에 운동을 할 수 있는 운동센터에 등록을 하는 것이 운동습관을 형성하는 데 가장 좋은 방법이다.

엄마들이 운동습관을 형성하기 위한 구체적인 방법은 다음과 같다.

- **운동 시작하기** : 우리 뇌는 급격한 변화를 싫어한다. 간단한 운동부터 짧게라도 시작해 보자.
- **강제적 환경조성** : 강제적인 운동환경을 조성해 보자. 정기적인

운동프로그램을 등록할 수 없는 엄마의 경우에는 운동기구를 장만해 매일 정해진 시간에 운동을 하자. 정기적인 운동프로그램에 참여할 수 있는 엄마의 경우에는 등록한 후 매일 빠지지 않고 운동해 보자.

- **다양한 운동 시도하기** : 다양한 운동을 시도해 보고, 지루하지 않으면서 즐겁게 할 수 있는 운동을 찾아보자. 재미가 없으면 노동이 되고, 운동효과도 잘 나타나지 않는다. 꾸준한 운동을 위해서는 엄마에게 잘 맞는 운동을 찾는 것이 중요하다.
- **함께하기** : 동네 엄마나 남편 등 함께할 수 있는 운동 파트너가 있다면 함께하자. 서로 피드백을 나눌 수 있고, 말동무도 해줄 수 있는 운동 파트너는 운동의 습관화를 위해 꼭 필요한 존재다.
- **PT 추천** : 금전적으로 여유가 된다면 개인트레이닝을 추천한다. 나의 문제점을 해결할 수 있는 운동법과 실시간 피드백을 받을 수 있어서 좋다. 개인트레이닝을 받으며 나타나는 신체적인 변화는 운동을 습관화시키는데 있어서 긍정적인 역할을 할 수 있다.
- **운동일지 작성** : 언제, 얼마나, 어떻게 등 육하원칙에 따라 구체적으로 운동일지를 작성해 본다. 이때 식단일지도 같이 쓰는 것을 추천한다.

결국 운동하는 엄마가 이긴다

엄마들 각자에 맞는 형편과 상황에 따라 자신에게 맞는 운동습관을

날짜	운동시간	운동내용	아침식단	점심식단	저녁식단	평가
7/1	9~10	유산소, 근력	고구마, 우유	현미밥 반 공기, 김치찌개, 계란말이	×	○
7/2	20~21	필라테스	×	떡볶이, 순대	현미밥 반 공기, 미역국, 두부조림, 시금치무침	△
7/3	9~10	유산소, 근력	삶은 달걀, 두유	현미밥 반 공기, 꼬막무침, 볶은 김치	스파게티	△
7/4	20~21	필라테스	×	쌀밥 한 공기, 부대찌개	단호박죽	○
7/5	9~10	유산소, 근력	시리얼, 우유	현미밥 반 공기, 아욱국, 소세지야채볶음, 김치	×	○
7/6	20~21	필라테스	브로콜리 스프	현미밥 반 공기, 감자국, 고등어구이, 김, 김치	×	○
7/7	9~10	유산소, 근력	시리얼, 우유	현미밥 반 공기, 동그랑땡, 된장찌개, 김치	카레라이스, 미소장국, 샐러드	△

선택하는 것이 필요하기 때문에 무조건 엄마들에게 어떠한 운동법이 가장 좋다라고 단언할 수 없다. 하지만 엄마들에게 운동 자체는 매우 중요하기 때문에 아무리 강조해도 과하지 않다. 체력이 바탕이 되지 않고서는 육아전선은 물론 일을 하는데 있어 버텨낼 힘도 부족해진다. 또한 체력과 건강, 자신감은 하나로 엮어져 있다. 강한 체력을 통한 건강한 몸과 마음, 그리고 자신감으로 무장한 엄마가 육아 레이스에서도, 인생이라는 긴 마라톤에서도 승리할 수 있다는 점을 기억하면서 오늘도 운동화 끈을 질끈 동여매 보자.

하루집안정돈

『청소 끝에 철학』이라는 책을 쓴 임성민 저자는 오래 전 사회생활을 시작하면서 사무실의 '청소 담당'이 되었을 때, 그 공간에서 일하는 모두에게 자신이 영향력을 가진다는 것을 실감했다고 한다. 사무용품이 어디에 있는지, 우편물이 언제 도착했는지 등을 하루에도 몇 번씩 물어보는 직원들에게 '대답'해 줄 수 있었기 때문이라는 것을 그 이유로 밝혔다.

우리 가족이 함께하는 매일의 집안정돈 습관은 단순한 습관에 머무르는 것이 아니라 우리집의 모든 공간은 물론이고 자기 자신과 모든 가족이 서로에게 영향력을 미칠 수 있는 힘을 지닌 '그뤠잇(great)'한 습관이다.

내 방 정리가 효율성과 창의력, 생각정리력을 높인다

텍사스대학의 새뮤얼 고슬링 교수가 학생들의 방 83개와 기업 사무실 94개에서 공간 효율성과 창의력의 상관관계를 조사했다. 그 결과를 살펴보니 공간을 지저분하게 쓰는 사람이 깨끗하게 쓰는 사람보다 효율적이지 못하고 창의력이 떨어졌다. 이뿐만 아니다. 미국의 국립수면연구재단이 조사한 결과 침실을 날마다 정리하는 사람은 정리하지 않는 사람보다 잠을 푹 잘 확률이 무려 19%나 높아진다고 한다.

이처럼 공간은 사람을 움직이고, 어떤 환경 속에 있느냐가 사람의 심리나 생각, 능력에 영향을 미친다. 또 깨끗하게 정돈된 공간은 효율성과 창의력, 생각정리력을 높여 일의 능률을 향상시킨다.

그러나 여기서 염두할 것이 하나 있다. 결국 공간이나 환경을 어떻게 만드느냐는 사람이 정하는 것이다. 다시 말해 마음이 몸을 움직이는 게 아니라 몸이 마음을 움직이는 것이다. 이것이 지금 내 책상과 내 방, 우리집, 사무실을 정리해야 하는 이유다.

하루 10분만 투자하면 된다

이제 집안을 정리해야 한다는 마음은 먹었다. 그런데 도무지 몸이 움직이질 않는다. 그건 여전히 정리정돈에 대한 막연함이 남아있기 때문이다. 왠지 집안을 뒤집어 엎어야 할 것 같고, 대청소를 해야 할 것만 같고, 그러면 시간이 오래 걸리고 내일 온몸이 결릴 것을 생각하니 쉽사리 시작할 수 없다.

하지만 멀리 가려면 함께 가야 한다. 혼자 하려는 강박관념을 버리고 가족과 함께하면 된다. 가족 구성원 각자가 하루 10분씩 시간을 내어 매일 꾸준히 정리하는 정리정돈 습관을 가진다면 하루 날을 잡아서 '끝장 청소'를 할 필요가 없다. 오히려 일주일 혹은 한 달에 한 번 날을 잡고 하는 것보다 평소에 조금씩 꾸준히 하는 것이 훨씬 더 깨끗한 집안상태를 유지할 수 있다. 가족 구성원들에게 하루 10분의 시간만 내면 깨끗하고 청결한 우리집을 누릴 수 있는 장점에 대해 이야기하면서 참여를 독려해 보는 건 어떨까?

지금 아니면 언제 정리하겠는가

'Changing Place, Changing Time,
Changing Thoughts, Changing Future'

이탈리아 구겐하임 미술관에 붙어있는 문구다. '공간을 바꾸고 시간을 바꾸면 생각이 바뀌고 미래가 바뀐다'는 말이다. 우리 가족이 사는 집안을 정리하고, 시간에 의미를 부여하면 생각이 바뀌고 가정의 미래가 바뀐다.

그러니 Just do 정리정돈, Now!

일기쓰기(감사하기)

토머스 에디슨은 "성공한 사람은 실패한 사람이 좋아하지 않는 일을 하는 습관이 있는 사람"이라고 말했다. 그렇다면 실패한 사람들이 좋아하지 않는 습관 중 대표적인 것은 무엇일까? 바로 일기쓰기다. 일기쓰기는 언제, 어디서나, 누구에게나 열려있는 일이지만 아무나 일기를 쓰지는 않는다. 'One of Them.' 당신은 'One'이 되고 싶은가? 'Them'이 되고 싶은가?

지금 당장이라도 일기를 쓰기 위해 펜을 들고, 매일 한 줄이라도 꾸준히 일기를 써나간다면 'You are the Only one'이 될 것이다.

나를 발견하는 최고의 습관, 일기쓰기

정신과 전문의 정혜신 박사는 『당신이 옳다』에서 "과도한 나 드러내기 현상은 평소에 한 개별적 인간으로서 최소한의 관심과 주목을 받지 못한 채 방치된 삶들이 많아서라고 생각한다. 만성적인 '나' 기근이 중요한 원인일 것이다."라고 말했다.

만성적인 '나' 기근현상, 즉 나에 대해 관심이 없거나 적어진 상태를 해소하기 위해서는 타인공감보다 먼저 우선시되어야 할 것이 바로 '자기공감'이다. 엄마들은 아이의 삶, 가족의 삶, 다른 사람의 삶에는 관심이 많다. 하지만 정작 중요한 나 자신과 나의 삶에는 관심을 가질 시간이 없어 관심이 적거나 없는 게 사실이다. 이제 나에게 적극적으로 관심을 가져주고 공감해 줘야 한다.

그 처방으로 가장 권하고 싶은 것이 바로 일기쓰기다. 나 자신을 발견하는 최고의 습관은 바로 일기를 쓰는 것이다. 일기를 쓰면 나와의 대화를 통해 나를 설명해 주는 핵심인 나의 감정을 속속들이 알 수 있게 된다. 그리고 나의 가치관, 신념, 내가 정말 좋아하는 것과 나만의 재능 등 내면의 깊숙한 나에 대해 알아가게 된다.

또한 일기를 쓰며 매일 더 나은 내가 되기 위해 오늘의 나를 살피고 점검하게 만든다. 자신을 성찰하고 더 나은 내일을 독려하는 이 작은 차이가 엄청난 기적을 만드는 동력이 될 수 있다. 더구나 일기를 쓰는 데는 돈도 들지 않는다. 그러니 우리 엄마들이여! 오늘부터 펜을 들어볼 일이다.

일기쓰기는 이렇게!

(1) 자유롭게 써보자

일기의 내용은 자유롭게 쓰자. 오늘 하루 아이와 있었던 일도 좋고, 엄마가 보냈던 하루의 내용을 써도 좋다. 고된 하루를 마감하며 오늘 하루에 대한 생각이나 느낌을 솔직하게 적어보자. 데일리리포트 양식에 직접 손으로 작성해도 좋고, 시중에 파는 일기장에 작성해도 좋다. 디지털 도구를 사용해도 좋다.

디지털 도구를 활용하면 시간과 장소에 관계없이 일기를 쓸 수 있다는 장점이 있다. 또 손으로 쓴 일기의 내용을 휴대폰 사진기로 찍어 메모 앱이나 에버노트에 넣어두면 나중에 내용을 검색해 볼 수 있고, 아날로그 도구로 쓰는 일기보다 더 많은 양을 기록하고 보관할 수 있다.

(2) 오늘 감사한 일과 사람에 대해 써보자

일기쓰기를 마무리하면서 오늘 감사한 일과 감사한 사람에 대해 매일 적어보자. 오늘 감사한 일이나 사람이 없으면 나에게 감사한 일에 대해 적어보자. 오프라 윈프리는 그녀의 저서 『내가 확실히 아는 것들』에서 "만약 당신이 당신 앞에 나타나는 모든 것을 감사히 여긴다면 당신의 세계가 완전히 변할 것이다"라고 말했다. 이처럼 감사일기의 위력은 현실의 모든 것에 감사하게 되고, 또 다른 감사를 불러일으키는 기적을 가지고 온다는 것이다.

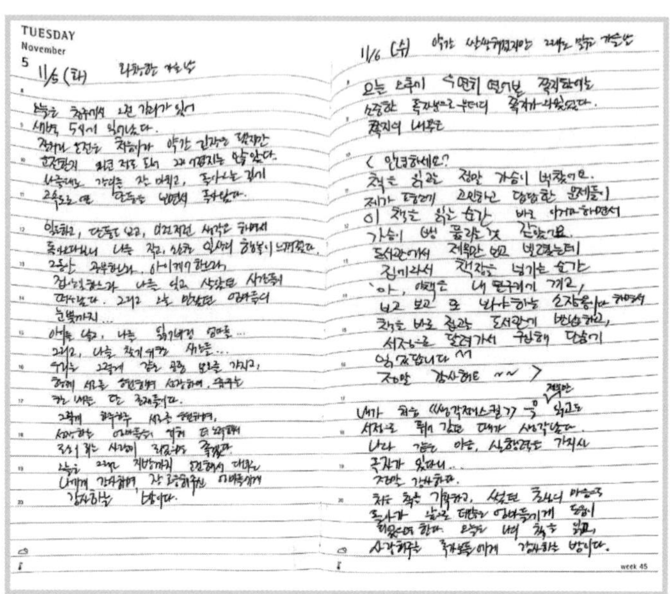

일기쓰기의 시작은 미약하였으나 그 끝은 창대하리라

기억은 짧지만 기록은 길다. 일기를 쓰며 하루하루를 기록하면 내일이 새롭게 기대된다. 일기쓰기를 통해 인생이 달라졌다고 말하는 사람들이 많다. 일기를 쓰면서 내면에 숨어있던 꿈을 찾고, 꿈을 이룬 사람들이다. 일기쓰기는 끊임없이 나의 뇌에 꿈을 주입시키고, 몸과 마음을 움직여 꿈을 현실로 이룰 수 있는 발판을 마련해 주는 훌륭한 인생습관이다.

매일 일기를 꾸준히 쓰다 보면 어느새 변해있는 나 자신과 꿈을 이룬 나의 모습까지 발견할 수 있을 것이다.

66일 만에 기적의 습관을 만들다

앞에서도 언급했듯이 습관이 완전히 몸에 익으려면 평균적으로 66일이 걸린다고 한다. 즉, 이 책 『엄마의 생각정리스킬』을 읽는 모두가 66일만 노력하면 자연스럽게 몸에 익은 행동이 나올 수 있다는 이야기다. 그러니 6가지 생각정리하루습관을 66일 동안만 꾸준히 실천해 보자.

66일, 새로운 습관과 만나는 시간

66일만 지나면 의식하지 않아도, 굳이 애쓰지 않아도 몸이 먼저 움직인다. 생각정리하루습관이 처음에는 생소하고 어려울 수 있다. 또는 잊어버릴 수 있다. 그러나 괜찮다. 나만 그런 게 아니고 다들 그렇다. 습관을 형성하는 데도 시행착오가 있을 수 있다. 인생을 바꾸는 데 아무런 노력 없이 바뀌는 것은 없다. 처음에는 어렵고 힘들더라도 스스로를 자책하기보다는 격려하고 칭찬해 주자. 그렇게 딱 66일 동안만 새로운 습관과 만나는 시간에 익숙해지려고 노력해 보자.

미치면 미친다

필자가 생각하는 습관에는 총 4단계가 있다. 습관 적체기 - 습관 적응기 - 습관 적정기 - 습관 적용기의 단계다. 우리는 무의식적으로 부정적 습관을 반복하는 '습관 적체기'에서 무의식적으로 긍정적 습관이 몸에 밴 단계인 '습관 적용기'까지로 습관 레벨을 올릴 필요가 있다.

습관 적체기 – 무의식적 부정적 습관
습관 적응기 – 의식적 부정적 습관
습관 적정기 – 의식적 긍정적 습관
습관 적용기 – 무의식적 긍정적 습관

물론 그 과정은 녹록지 않을 것이다. 물질이 근본적으로 변하기 위해서는 절대적으로 요구되는 온도와 압력이 있다. 물질이 바뀔 때 충족시켜야 하는 이 척도를 임계점이라고 하는데, 습관 레벨업의 단계에도 여지없이 임계점의 법칙이 적용된다. 99도까지는 절대 끓지 않던 물이 100도가 돼서야 비로소 끓게 되는 이치다.

습관 적용기까지 올린 사람 vs 습관 적체기에 머무르는 사람
꿈을 이룬 사람 vs 꿈만 꾸는 사람

엄마의 한평생은 66일의 생각정리하루습관으로 바꿀 수 있다. 필자 또한 약 10년의 시간 동안 매일 꾸준히 하루습관을 실천한 결과 꿈꾸던 작가의 꿈을 이루게 되었다. 그리고 이것이 바로 이 책을 기획하고 집필하며 생각정리스킬과 하루습관을 접목시킨 '생각정리하루습관'을 제시한 이유다.

임계점까지 끌어올리기까지 66일의 생각정리하루습관 형성에 꾸준한 노력을 기울인 흔적이 만든 기적의 습관은 그토록 당신이 원하는 바에, 당신이 원하는 꿈에 미칠 수 있다.

6가지 하루습관을 66일간 먼저 실천해 본 3명 엄마들의 소감

쌍둥이보다 힘들다는 연년생 남매를 낳고 내 인생이 없어졌다는 허탈함과 매일 반복되는 일상에 책 읽을 시간도 없었지만 우연한 기회로 미리 읽게 된 이 책을 통해 6가지 생각정리하루습관을 접하고, 매일 짧은 시간이라도 꾸준히 실천하고 데일리리포트를 쓰다 보니 하루하루 변해가는 나 자신을 발견할 수 있었다. 또 남편과 아이들에게 짜증을 많이 내곤 했었는데 점차 짜증을 내는 빈도도 줄어들었다. 몸과 마음

이 느슨해질 때마다 『엄마의 생각정리스킬』을 다시 읽으며 마음을 다잡고 엄마로서만이 아닌 나의 꿈도 찾아야겠다는 생각이 든다.

– 김주희(준하(7세) & 유하(6세) 엄마, 전업맘)

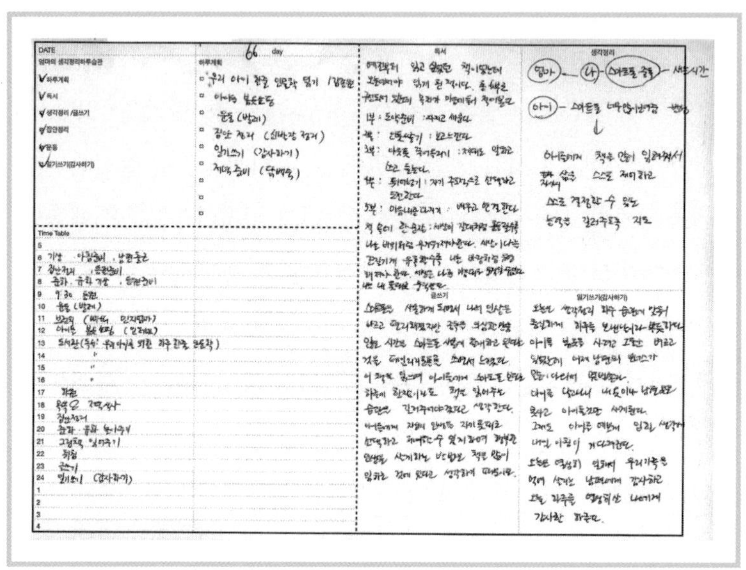

터울이 좀 있는 딸 둘을 키우다 보니 엄마 노릇이 힘들고 많이 버거울 때가 많았다. 엄마도 꿈을 꾸라는 책은 많지만 정말 와닿지 않았는데 이 책은 어떻게 생각을 정리하고 습관을 만들어 꿈을 찾고 이룰 수 있는지에 대한 구체적인 방법을 제시해 주니 '나도 한 번 해볼까?'라는 자신감을 가지게 해주었다. 무엇보다 66일을 실천하니 정말 바뀔 거라 생각하지 않았던 나도 변한다는 사실에 새삼 놀랐다. 하지만 지금 여기가 끝이 아니다. 힘들지만 꾸준히 생각을 정리하고 생각정리하루습관을 실천하고 아이들과도 함께 실천해 봐야겠다는 생각이 든다.

개인적으로 나는 3장 엄마경영 부분도 좋지만 4장 아이 부분을 더 꼼꼼하게 읽고, 아이들에게 생각정리습관을 길러 주어야겠다는 생각이 든다.

– 이은숙(소연(초5) & 혜연(6세) 엄마, 전업맘)

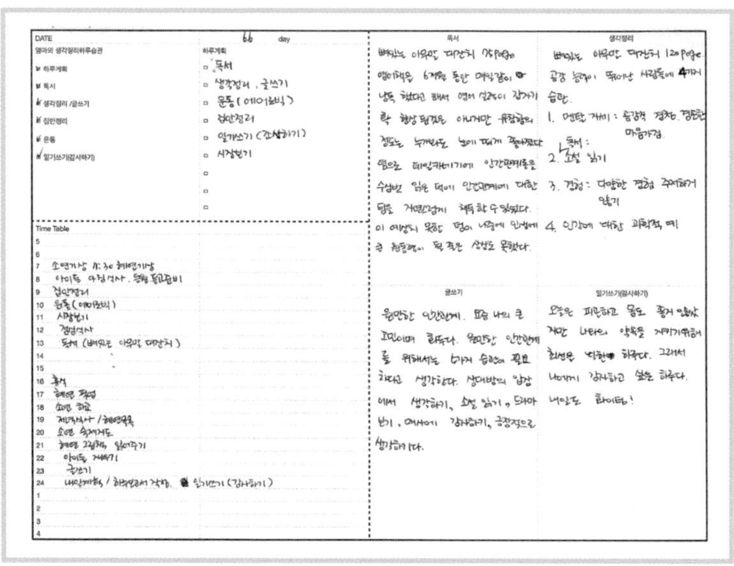
DATE 66 day

엄마의 생각정리하루습관
- 하루계획
- 독서
- 생각정리 /글쓰기
- 집안정리
- 운동
- 일기쓰기(감사하기)

하루계획
- 독서
- 생각정리, 글쓰기
- 운동(에어로빅)
- 집안정리
- 일기쓰기(감사하기)
- 시장보기

Time Table
5
6
7 소연기상 7:30 혜연기상
8 아이들 아침식사. 등원 등교준비
9 집안정리
10 운동(에어로빅)
11 시장보기
12 점심식사
13 독서 (빼앗는 아우망 대간치)
14
15
16 휴식
17 혜연 픽업
18 소연 하교
19 저녁식사 / 혜연목욕
20 소연 숙제지도
21 혜연 그림책 읽어주기
22 아이들 재우기
23 글쓰기
24 내일계획 / 하루일과 각정. 일기쓰기 (감사하기)
1
2
3
4

독서
빼앗는 아우망 대간치 75page
영어책을 6개월 동안 매일같이 낭독 했다던 해서 영어 실력이 갑자기 확 향상 된것은 아니지만 유창함의 정도는 누가봐도 높이 때게 좋아졌다. 덤으로 데일카네기에 인간관계론을 수십번 읽은 덕에 인간관계에 대한 팁을 자연스럽게 체득 할 수 있었다. 이 예상치 못한 덤이 나중에 인생에 큰 전환점이 될 줄은 상상도 못했다.

생각정리
빼앗는 아우망 대간치 120page
공감 능력이 뛰어난 사람들에 4가지 습관.
1. 멘탈 게시: 공감적 경청, 겸손한 마음가짐
2. 독서: 소설 읽기
3. 경험: 다양한 경험 추구하거 얻기
4. 인간에 대한 과학적 예

글쓰기
원만한 인간관계. 요즘 나의 큰 고민이며 화두다. 원만한 인간관계를 위해서는 6가지 습관이 필요하다고 생각한다. 상대방의 입장에서 생각하기, 소설 읽기, 드라마 보기, 매사에 감사하기, 긍정적으로 생각하기이다.

일기쓰기(감사하기)
오늘은 피곤하고 몸도 좋지 않았지만 나와의 약속을 지키기위해 최선을 다한 하루다. 그래서 나에게 감사하고 싶은 하루다. 내일도 화이팅!

학교에서 교직원으로 일하는 워킹맘이다. 생각정리하루습관은 일을 하는 데에도 물론 도움이 되지만 나의 인생을 정리하고 습관을 형성하는 데도 큰 도움을 받았다. 특히 데일리리포트를 작성하며 내가 낭비하고 있는 시간을 어떻게 하면 효율적으로 관리하여 습관을 형성하고 목표에 도달할 수 있는지 구체적으로 알 수 있어 좋았다. 또한 학교 현장에 있으면서 너도나도 스마트폰을 가지고 다니는 요즘 아이들에게 생각정리습관을 이른 나이부터 습득하게 하는 것은 무엇보다 중요하다고 느끼게 되었다. 게다가 생각정리스킬로 가정의 시스템을 만드는 비법까지 신박하다. 한 장 한 장 곱씹으며 잘 읽었다. 많은 엄마들이 이 책을 읽고, 도움을 받았으면 한다.

– 이지선(민준(초2) 엄마, 워킹맘)

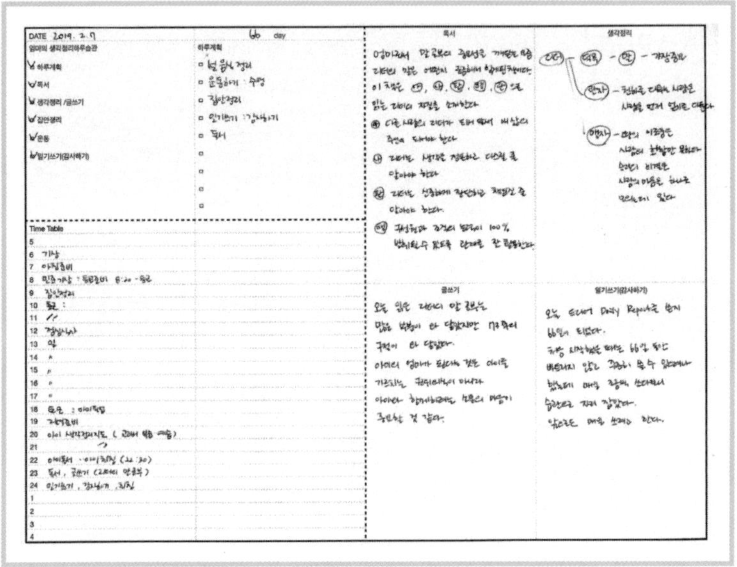

엄마는 꿈의 아이콘이다

사람들은 '엄마'라는 존재에 대해 흔히 희생하는 존재, 참는 존재, 자식을 위해 견디는 존재로 생각한다. 그러나 엄마는 희생의 아이콘이 아니라 꿈의 아이콘이다. 우리가 이 장까지 함께 노력해온 발자취인 인생그래프와 꿈지도, 꿈편지, 생각정리하루습관은 엄마의 꿈을 실현시키기 위한 원동력이자 청사진이다. 꿈의 시작은 꿈을 꾸는 것이며, 꿈의 본질은 꿈의 실현이다. 지쳐 포기하지 않는 이상, 우리를 막을 장애물은 없다. 하루하루를 착실히 적립하여 나의 꿈을 향해 노력을 게을리하지 않는다면 우리의 꿈은 절대로 우리를 배신하지 않을 것이다.

꿈의 시작은 작은 습관을 바꾸는 것에서부터…

『인생을 바꾸는 아주 작은 습관』의 저자인 지수경 작가는 아토피로 인한 여러 가지 합병증과 그로 인한 자존감 상실, 그리고 육아로부터 오는 우울함과 날로 저질이 되어가는 체력으로 인해 하루하루를 힘겹게 살아내는 그런 평범한 엄마였다. 하지만 그녀는 멋진 작가가 되겠다는 꿈을 꾸기 시작했고, 현재는 당당하게 꿈을 이루었다.

지수경 작가가 꿈을 이룰 수 있었던 비결은 우리가 기대한 거창한 비결이 아닌 '하루 두 잔 물 마시기 프로젝트'를 시작하면서부터였다고 한다. 작은 습관을 만드는 것과 그 습관을 매일 꼼꼼하게 기록한 기록노트가 작은 성공을 맛보게 했고, 그 자신감으로 매일 글쓰기 프로젝트에 도전한 결과 그녀는 자신이 꿈꾸던 작가의 꿈을 당당히 이루게 되었다.

이제 우리의 생각을 바꿔보자. 엄마는 결코 희생의 아이콘이 아니며, 꿈의 아이콘이다. 또한 우리의 꿈을 이루기 위해서는 뭔가 대단한 노력에서 시작하는 것이 아니며, 작고 사소한 습관 하나에도 꾸준한 노력과 정성을 기울일 때 낙숫물이 바위도 뚫을 수 있는 힘을 발휘할 수 있다.

꿈길의 토대는 바로 생각정리스킬이다

꿈꾸는 사람은 꿈만 꾸지 않고 꿈을 실현하기 위해 행동한다. 행동하지 않는 꿈은 허황된 꿈이다. 달리지도 않았는데 결승선을 통과할 수는 없는 일이다. 앞이 보이지 않아 도무지 갈피를 잡기 어려웠던 꿈길을 찬란하게 밝혀주는 꿈길의 세 벗이 바로 꿈지도와 꿈편지, 생각정리하루습관이다.

꿈지도를 통해 엄마의 꿈을 생생하게 꾸고 꿈을 향한 올바른 방향을 정립할 수 있으며, 꿈편지를 통해 꿈을 현실로 이룰 수 있는 힘을 키울 수 있다. 그리고 생각정리하루습관을 꾸준히 실천하며 하루하루를 착실히 살아가다 보면, 당신이 바로 꿈을 이룬 엄마의 주인공이 될 것이다.

꿈은 스스로 길을 만든다

꿈을 꾸고, 이루기로 결심하고, 노력한다면 꿈은 기특하게도 스스로 길을 만들어 우리를 인도해 준다. 다이어트를 해서 살도 빼고 건강해지겠다는 꿈을 꾼다면 그 꿈이 다이어트와 운동을 하도록 만든다. 한 달에 1권 이상 책을 읽겠다는 꿈을 꾼다면 그 꿈이 독서를 하도록 만든다. 부자 엄마가 되는 것을 꿈꾼다면 그 꿈이 부자가 되도록 노력하게 만든다.

내 꿈을 믿고, 꿈이 만들어 가는 길을 따라가 보자. 끝까지 꿈을 포기하지 않는다면 그리고 지구 정복이라든지 다른 사람으로 다시 태어나고 싶다는 등 죽었다 깨어나도 실현 불가능한 꿈이 아니라면 모든 꿈은 이루어질 수 있다. 무엇보다 꿈이 있는 삶과 꿈이 없는 삶은 살아가는 즐거움과 삶의 질에 있어 큰 차이가 난다. 그 어떤 꿈이라도 좋다. '완벽한 꿈'보다는 '꿈을 완성'하는데 더 큰 의미가 있다.

신영복 선생님은 『처음처럼』에서 '손잡고'와 '더불어'가 'ㅂ'을 공유하고 있다고, 더불어의 참뜻이 그러하다고 말씀하셨다. 그러니 우리 같이 힘내서 '손잡고' '더불어' '꿈꾸는' 엄마로 살아갔으면 한다. 꿈꾸는 엄마가 꾸는 모든 꿈은 그 꿈이 크던 작던 소중하며, 꿈꾸는 엄마는 누구나 아름답다.

오늘도 함께 꿈길에 서 있는 '꿈동지' 엄마들의
모든 꿈을 열렬히 응원한다.

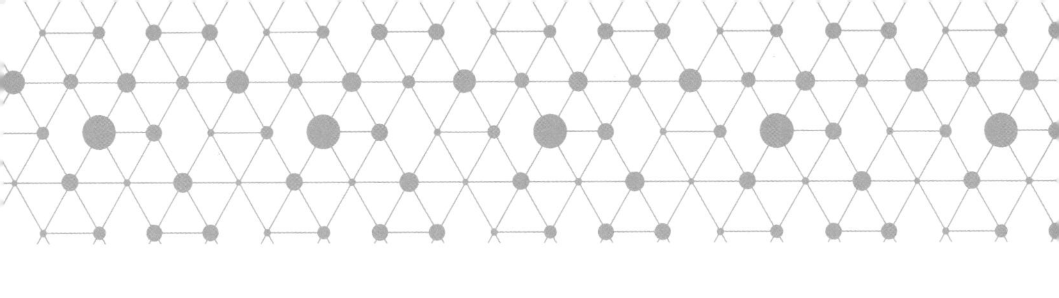

4장

생각정리스킬로 아이의 미래를 디자인하다

01

엄마의 생각 크기가 아이의 생각 크기다

1994년 노벨상을 수상한 이지도어 아이작 라비는 원자시계의 개념을 최초로 발견한 물리학자다. 그가 핵의 자기공명기술을 개발했을 때 기자들이 비결을 묻는 질문에 그는 '어머니께서 자신에게 매일 묻던 질문 덕분'이라고 답했다.

"얘야, 오늘 수업시간에는 선생님께 무슨 질문을 했니?"

우리가 흔히 던지는 "오늘 공부 잘했어?" "대답 잘했어?" "선생님 말씀 잘 들었어?"라는 질문과는 질문의 '격'이 달랐다.

질문은 다른 말로 적극적 생각이다. 엄마의 생각의 크기가 커지면 아이의 생각의 크기가 커진다. 엄마의 큰 생각은 적극적인 질문을 낳게 되고, 엄마가 아이에게 던지는 질문의 '결' 또한 달라지게 된다.

엄마의 생각의 크기만큼 아이가 자란다

아이를 잘 키우기 위해 가장 중요한 것은 무엇일까? 우리가 익히 알고 있는 대로 '할아버지의 경제력, 아빠의 무관심, 엄마의 정보력'일까? 송진욱, 신민섭 교수의 저서 『아이의 재능을 찾아주는 부모의 질문법』에서는 성공적인 자녀교육의 비법을 '질문'이라고 말한다.

그렇다면 '어떻게 질문하면 좋을까?'라는 의문이 들 것이다. 성공적으로 자녀를 키운 부모들은 하나같이 아이를 인정하는 질문을, 질문의 방향은 미래 지향적으로, 질문의 초점은 '아이를 어떻게 해야 하는지'보다 '자신이 무엇을 해야 하는지'에 초점을 맞췄다고 한다.

학부모는 질문보다 일방적으로 자기 생각을 주장하거나 강요하여 말 잘 듣는 모범생을 만든다. 반면에 부모는 아이에게 자신의 생각을 일방적으로 강요하거나 주장하지 않는다. 오히려 부모는 아이에게 질문을 던져 아이로 하여금 이전과 다르게 생각하고 행동할 수 있는 기반을 만들어 준다.

이처럼 우리 아이를 잘 키우기 위해서는 우선 엄마의 생각의 크기가 커져야 한다. 엄마의 생각의 크기만큼 엄마의 질문의 크기가 커지고, 엄마의 질문의 크기가 커질수록 아이의 생각과 질문의 그릇 또한 커진다.

당신은 오늘 어떤 생각을 했고,
아이에게 어떤 질문을 했는가?

엄마의 생각정리 주도력은 아이의 생각정리력을 향상시킨다

4차 산업혁명시대를 살아갈 우리 아이들에게 가장 필요한 능력을 꼽으라면 학습능력보다 생각정리능력이다. 그렇다면 우리 아이의 생각정리능력을 키우기 위해서는 어떻게 하면 좋을까? 많은 엄마들은 '어떻게 생각정리를 가르칠 것인가'를 고민할 것이다. 하지만 그보다 엄마의 생각정리능력을 키우는 방법을 먼저 고민하고 실천하는 것이 더 중요하다.

결국 엄마의 생각정리 주도력이 아이의 생각정리능력을 결정한다. 샤론코치 이미애 저자는 『엄마주도학습』에서 '자기주도학습'에 대해 이렇게 말하고 있다.

> "자기주도학습은 독학이 아니다. 공부하는 방법을 배워야만 자기주도학습이 가능해진다. 초등학생들이라면 더더욱 스스로 배우는 학습 습관을 잡아줘야 한다. 초등학교 시절 엄마가 제대로 잡아준 습관 하나가 아이를 성장시키고, 성공으로 이끄는 강력한 무기가 된다."

이처럼 아이에게 생각정리를 주입하고 가르칠 것인지를 고민하지 말고, 스스로 생각정리를 할 수 있도록 습관을 잡아주는 것이 중요하다. 그런데 아이가 혼자서 생각정리능력을 터득하기에는 어렵고 한계가 있다. 이러한 상황에서는 엄마가 주도하여 생각정리를 일방적으로 가르치는 티칭(Teaching)을 하는 것이 아니라 시의적절하게 코칭(Coaching)을 해주는 것이 더 현명하고 지혜로운 선택이다. 여기서 티칭은 가르칠만한 능력의 범주 안에 있는 지식을 가르치는 것이고, 코칭은 목적에 맞는 구체적인 방향성을 제시하고 함께 점검하는 것이며, 스스로 생각하도록 질문을 던짐으로써 자신이 원하는 선택을 하도록 돕는 것이다.

즉, 구체적인 생각정리는 생각정리 전문가에게 맡기고, 엄마는 코치의 역할만 적절하게 하라는 의미다. 이것이 엄마의 생각정리 주도력이 중요한 이유다.

아이의 생각정리습관을 잡으면 학습습관은 덤이다

아이의 꾸준한 학습습관을 잡아주느라 골치가 아프다는 엄마들이 많다. 하지만 학습을 하는 과정도 내내 생각정리의 과정이기 때문에 이제는 학습습관보다 생각정리습관이 먼저라는 사실을 기억해야 한다. 물론 처음에는 생소하겠지만 생각정리가 습관화되고 익숙해지면 학습습관은 덤으로 향상된다.

생각정리습관 형성도 학습습관과 마찬가지로 단순한 잔꾀나 잔머리로는 통하지 않는다. '꾸준함' 그 이상의 비법은 없다. 꾸준히 생각을 정리하며, 나만의 생각정리 방법을 터득해 가는 것만이 생각정리습관과 학습습관의 두 마리 토끼를 잡는 핵심이다. 갑자기 변하는 사람이 없듯이 하루 아침에 우리 아이들의 달라진 모습을 기대하는 것은 어불성설이다. 어릴 때부터 엄마의 주도 아래 크고 작은 생각을 잘 정리하는 아이들이 결국 진짜 생각정리, 진짜 공부를 하게 된다.

적어도 중학교에 가기 전까지인 초등 6학년까지는 '무엇'을 정리하는가도 중요하지만 '어떻게' 정리하는가에 더 집중해 보자. 아이의 수준에 맞지 않는 거대한 목표보다 '하루 생각정리 30분' '하루 생각정리학습 30분'처럼 꾸준히 습관을 만들어 주는 것이 중요하다. 초등학교 6학년까지 생각정리와 학습습관이 형성되지 않으면 중고등학교에 진학한 이후에는 '자기주도생각정리' '자기주도학습'은 사실상 힘들거나 어렵다고 봐야 한다. 이것이 엄마의 생각정리 주도력을 통해 아이가 최소 초등 6학년이 될 때까지 아이의 생각정리습관과 생각정리스킬이 바탕이 된 학습습관을 형성해야 하는 이유다.

엄마의 시의적절한 코칭과 전문가의 깊이 있는 티칭 그리고 아이의 꾸준한 연습으로 생각정리와 학습이 습관화될 때 우리 아이의 '초격차', 즉 다른 아이와의 넘볼 수 없는 차이를 만들 수 있을 것이다.

아이의 생각정리, 로드맵을 그려보자

이 절에서는 『생각정리스킬』의 기본개념을 통해 아이의 생각정리 원리와 도구에 대해 제시할 것이다. 2장에서 제시한 로드맵을 따라 기본개념을 잘 익히고 아이에게 차근차근 코칭한다면 우리 아이만을 위한 생각정리스킬 로드맵까지도 만들 수 있다.

뇌 발달의 골든타임 = 우리 아이 생각정리습관 골든타임

우리 아이들의 뇌 발달에 있어서 놓쳐서는 안 될 결정적 시기가 있다. 0~13세까지의 시기가 우리 아이들의 뇌 발달에 특별히 더 신경을 써야 하는 시기다. 이 시기에 아이들의 뇌가 급격하게 발달하면서 다양한 정보가 흡수되고 창의성이 발달하기 때문이다. 각 시기별로

우리 아이 뇌 발달 과정	
〈1단계〉 0~2세	• 오감이 발달하는 시기 • 뇌에서 뉴런을 연결하는 시냅스가 발달하는 시기
〈2단계〉 2~4세	• 전두엽과 변연계가 발달하는 시기 • 정서적으로 안정이 되는 시기 • 관계를 중심으로 하는 학습이 시작되는 시기
〈3단계〉 4~7세까지	• 전두엽과 우뇌가 발달하는 시기 • 종합적인 사고가 가능해지는 시기 • 창의력과 정서발달이 중요
〈4단계〉 8~13세	• 측두엽과 두정엽의 발달이 활발 • 수학과 과학을 비롯한 여러 종류의 학습이 가능한 시기 • 측두엽의 발달로 한글, 외국어 학습, 글쓰기가 가능해지는 시기
〈5단계〉 14~19세까지	• 시각의 뇌가 발달하여 시각적으로 추상적인 개념이 발달 • 변연계가 발달하여 감정의 기복이 심해 사춘기를 겪는 시기

출처 : 김유미, 『우리 아이의 뇌, 연령별 발달과정』, 브레인미디어

뇌의 영역별 성장과정을 알면 우리 아이 교육계획의 방향을 잡는데 큰 도움이 된다.

우리 아이들의 뇌 발달에도 놓쳐서는 안 될 골든타임이 있듯이 우리 아이의 생각정리력을 키우는 데도 놓쳐서는 안 될 결정적 시기가 있다. 물론 생각정리능력은 의지만 있다면 언제든 향상시킬 수 있지만 0~13세까지의 뇌 발달의 골든타임은 곧 생각정리습관 형성의 결정적 시기라는 점을 기억하자.

생각정리 원리를 이용하게 하라

아이의 생각정리 원리도 생각정리스킬의 3가지 원리와 동일하다.

우뇌로 발산하고 좌뇌로 수렴하라

나열하고 분류하고 배열하라

질문으로 생각을 확장하고 정리하라

3가지 원리가 지향하는 바는 동일하다. 우뇌는 유동성과 창의성 등 생각의 확장을 담당한다. 아이들이 이미지나 감각을 잘 기억하는 것은 우뇌가 발달했기 때문이다. 이에 반해 아직 아이들은 좌뇌 발달이 덜하다. 좌뇌는 논리적이고 객관적이고 직선적이며, 추리하고 분석하는 역할을 담당한다.

따라서 우뇌로 발산하고 좌뇌로 수렴하라는 말의 의미는 가능한 많은 생각을 나열한 다음 논리적으로 분류·배열을 하게 하라는 의미다. 나열하기 위해서는 생각을 확장하고, 분류와 배열을 하기 위해서는 나열된 생각을 일정한 기준에 맞춰서 분류하고, 우선순위에 따라 배열하는 과정이 필요하다.

이에 더해 육하원칙을 이용해 질문을 하고 답을 찾는 과정을 통해 질문으로 생각을 확장하고 정리해야 한다.

손으로 생각정리 도구를 활용하게 하라

권장희 칼럼니스트는 〈베이비뉴스〉에 기고한 칼럼에서 '심심함'은 뇌의 창의력과 자기주도적 역량 향상에 중요한 장치라고 이야기한다. 심심해야 별 짓을 다하게 되고, 아이가 별 짓을 다한다는 것은 뇌

속에 별 짓을 다하는 시냅스의 가소성이 생기고 있다는 뜻으로 이해하라고 조언한다. 따라서 아이의 생각정리 도구도 '편리함'보다는 '심심함'을 택하라고 권하고 싶다. 디지털 도구의 장점인 편리함과 편집·검색·저장의 용이함보다 아이들의 시냅스 발달을 통한 창의력과 자기주도 생각정리력을 키우기 위해서는 직접 손으로 그리며 생각을 정리할 수 있도록 하자.

아이들의 생각정리 도구로 추천하는 것은 퀘스천맵, 만다라트, 마인드맵, 3의 로직트리, 브레인스토밍, 브레인라이팅의 6가지 도구다.

인생정리스킬 3종 세트를 활용하라

아이의 인생정리스킬 3종 세트는 엄마의 인생정리스킬 3종 세트에서 인생그래프 대신 꿈편지를 쓰는 것이다. 즉, 아이의 인생정리스킬 3종 세트는 꿈지도와 꿈편지 그리고 일기쓰기다.

(1) 꿈지도

꿈지도는 만다라트와 마인드맵을 이용해 우리 아이의 꿈을 시각화해서 생생하게 꿈꾸고 실현할 수 있게 만드는 지도다. 꿈지도를 매일 눈으로 보고 읽는다면 우리 아이의 꿈은 단순히 꿈에만 머물지 않을 것이다.

(2) 꿈편지

꿈지도를 만들었다면 꿈을 이룬 것처럼 편지를 써보자. 마치 꿈을 이룬 것 같은 착각이 들도록 쓰는 것이다. 또한 그 착각은 착각에서 머무르는 것이 아닌 꿈의 실현력을 높이게 하는 동기부여장치이자 꿈을 이루는 또 하나의 도구가 될 것이다.

(3) 일기쓰기

아이들에게 일기쓰기의 중요성은 두말할 나위 없다. 매일 일기를 쓰며 자신의 하루를 점검하고, 더 나은 내일을 만들 수 있다. 또한 일기를 자유롭게 쓰는 과정은 우리 아이의 글쓰기 실력 향상에도 도움을 줄 수 있다.

아이의 생각정리 원리와 도구에 대해 이해했다면 4장에서는 생각정리를 통한 학습방법과 읽기·말하기·쓰기의 3대 역량을 키우는 방법 그리고 아이의 꿈을 이루는 도구인 꿈지도·꿈편지와 아이의 생각정리하루습관에 대해 알아볼 것이다.

아이의 생각정리 로드맵을 따라 차근차근 읽어보고 아이와 함께 적용하고 활용해 보자. 이 과정에서 중요한 것은 아이에게 생각정리가 재미있고 즐겁다고 느끼게끔 하는 것이다.

생각정리 원리로 아이의 생각을 정리하라

'기다려 주는 엄마 vs 대신해 주는 엄마'

EBS 다큐프라임의 〈마더쇼크〉에 등장한 실험입니다. 단어 퍼즐 맞추기 게임을 진행하면서 아이가 틀렸을 때 엄마의 반응을 보는 실험입니다. 여기서 한국 엄마들과 미국 엄마들의 반응 차이가 확연히 드러납니다. 한국 엄마들은 정답에 가까운 힌트를 주거나 대신 풀어주기도 하고 심지어 많이 도와주지 못한 것을 미안해하기까지 합니다. 그러나 미국 엄마들은 끝까지 풀어내기를 기다립니다. 영상 속 가톨릭대 정윤경 교수는 한국 엄마들은 성취의 과정보다 결과를 중요시하기 때문에 이런 결과가 나온 것이라고 설명합니다.

아이들은 문제를 해결하는 과정에서 생각을 하고 여러 가지 경우의 수를 만들어 내는 창의활동을 겪는다. 이 과정에서 뇌가 활성화되고, 전두엽이 활성화될 때 생각을 더욱 체계적으로 정리할 수 있다.

엄마의 역할은 물고기를 주는 것이 아니다. 물고기 잡는 법을 알려주는 것이고, 그 방법을 익힐 때까지 지켜봐 주는 것이다. 그러나 기다림에도 스킬이 있다. 무턱대고 '언젠가는 하겠지'라며 기다리는 것은 전혀 도움이 되지 않는다. 기다림에도 강력한 목표가 있어야 한다. 전두엽을 활성화시켜 생각을 잘 정리할 수 있도록 하겠다는 명확한 목표를 가지고 기다리면서 시의적절하게 코칭할 수 있어야 한다. 아이가 생각정리스킬의 원리와 도구를 알고, 적절히 활용할 수 있도록 도와주는 것은 아이에게 물고기를 잡을 수 있는 좋은 낚싯대를 선물하는 것과 같다.

아이의 생각정리 원리도 엄마의 생각정리 원리와 크게 다르지 않다. 전두엽이 좋아하는 생각정리의 원리 3가지는 다음과 같다.

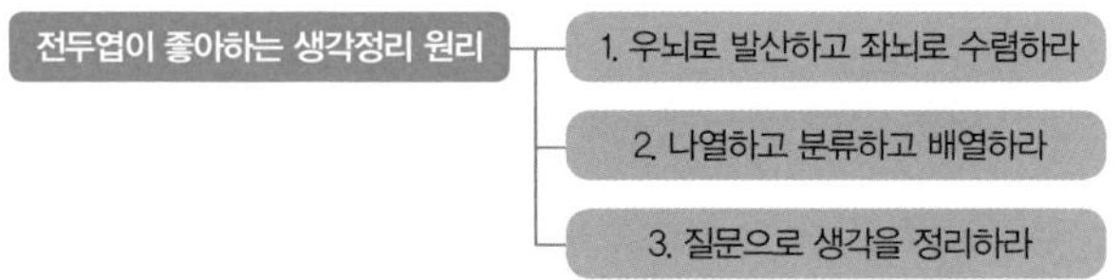

우뇌로 발산하고 좌뇌로 수렴하라

생각을 처음부터 정리하려고 하면 안 된다. 일단 머릿속에 있는 생각부터 자유롭게 끄집어내는데 중점을 둬야 한다. 생각정리의 기본은 발산에서 수렴 형태로 가는 것이라는 것을 기억하자. 처음에는 질보다 양이다. 많은 양의 생각을 최대한 끄집어내고, 그 다음에 정리를 해보자.

나열하고 분류하고 배열하라

우뇌로 생각을 모두 끄집어냈다면 좌뇌로 정리할 차례다. 생각정리는 생각을 '나열'하고 '분류'하고 '배열'하는 3단계로 이루어진다.

(1) 나열 – 머릿속 생각 밖으로 빼내기

머릿속의 생각을 머리로만 정리하려면 정리가 되기는커녕 더 복잡해진다. 일단 머릿속 생각을 생각도구에 끄집어낼 수 있도록 아이가 메

[예시] 생각 나열 사례 / 신산초 5학년, 민예지

2019.12.10

주제 : 가족여행 준비하기

- 여행짐 (수영복, 수건, 옷, 수영모자, 감기약 멀미약, 세면도구, 모자) 싸기
- 여행계획 세우기
  어디로 갈까? : 강원도 양양, 속초
  무엇을 타고 갈까? : 차
  무엇을 먹을까 : 소불고기, 황태해장국, 만석닭강정
  어디에 갈까? : 아쿠아월드 수영장, 솔비치해변, 하조대, 속초중앙시장, 휴휴암, 오산리선사유적박물관
  누구와 갈까 : 나, 동생, 고모, 고모부, 할머니, 재후
  언제 갈까 : 12월 24~25일까지
  왜 갈까? : 크리스마스를 기념해서

인이 되어 꼬리에 꼬리를 물고 질문을 하며 생각을 끄집어내 보자.

예를 들어 초등학생 아이와 함께 '가족여행 준비하기'라는 주제로 생각을 정리해 보려고 한다. '나열' 과정에서는 아이의 머릿속에서 생각을 최대한 많이 꺼낼 수 있도록 도와주는 것이 엄마의 역할이다. 여행 짐싸기, 여행계획 세우기의 큰 생각을 끄집어냈다. 여행계획 세우기의 내용에 대한 구체적인 생각은 어디로 갈까, 무엇을 타고 갈까, 무엇을 먹을까, 누구와 갈까, 언제 갈까 등의 내용까지 나열했다.

(2) 분류 – 생각을 정리하기

생각을 모두 나열했으면 이제 생각을 분류해 보자. 분류의 사전적 정의는 '일정한 기준에 따라 나누는 것'을 말한다. 생각정리를 위한 분류를 위해서는 분류의 기준을 잘 정해야 한다.

'가족여행 준비하기'라는 나열된 주제로 분류해 보자. 시간에 따라서는 여행 전, 여행 중, 여행 후 활동으로, 여행 전에는 과업의 내용에 따라 여행 짐싸기와 계획 세우기로 나눴다. 여행 중에는 시간 순으로 일자별(1일차, 2일차), 시간별(오전, 오후, 저녁)로, 장소별(호텔, 관광지, 식당)로 나눴다. 이렇게 분류 기준을 생각해 보고 여행순서 → 일자별 → 시간별 → 장소 순으로 아이의 의견을 존중하며 서로 의견을 정리한다.

(3) 배열 – 생각의 우선순위 정하기

생각정리의 마지막 단계는 배열이다. 배열은 생각의 우선순위를 정하는 것이다. 이 단계는 우리의 생각을 행동으로 바꿔줄 수 있는 가

[예시] 생각 분류 사례 / 신산초 5학년, 민예지

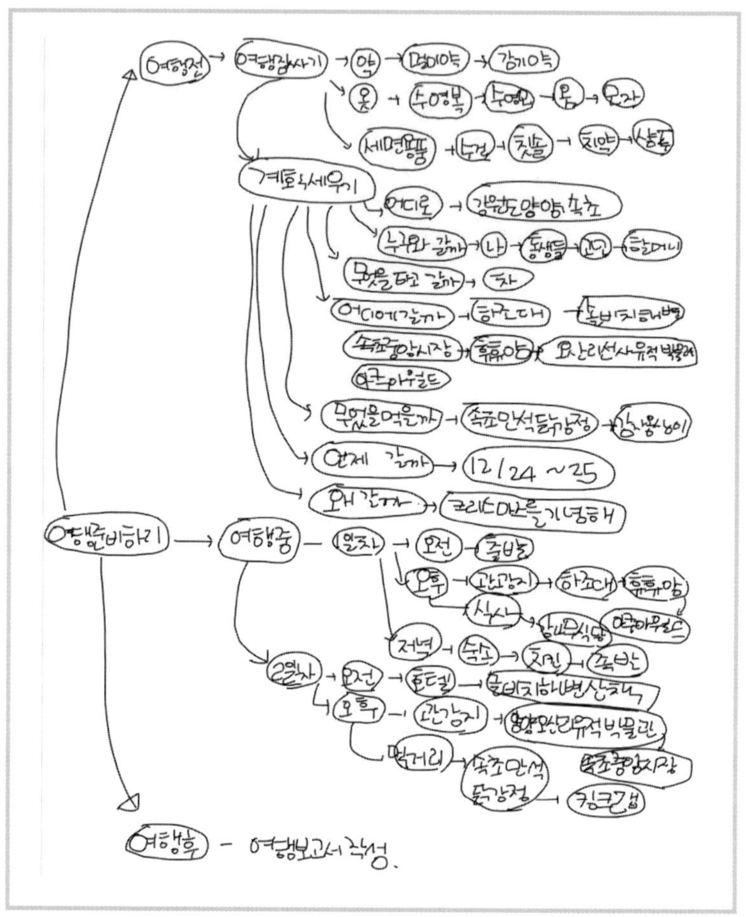

장 중요한 단계라고 볼 수 있다. 아이와 함께 우선순위에 따라 순위를 매기고 배열한다. 더 나아가 체크리스트를 만들면 실행력을 높이는데 도움이 된다.

[예시] 생각 배열 사례 / 신산초 5학년, 민예지

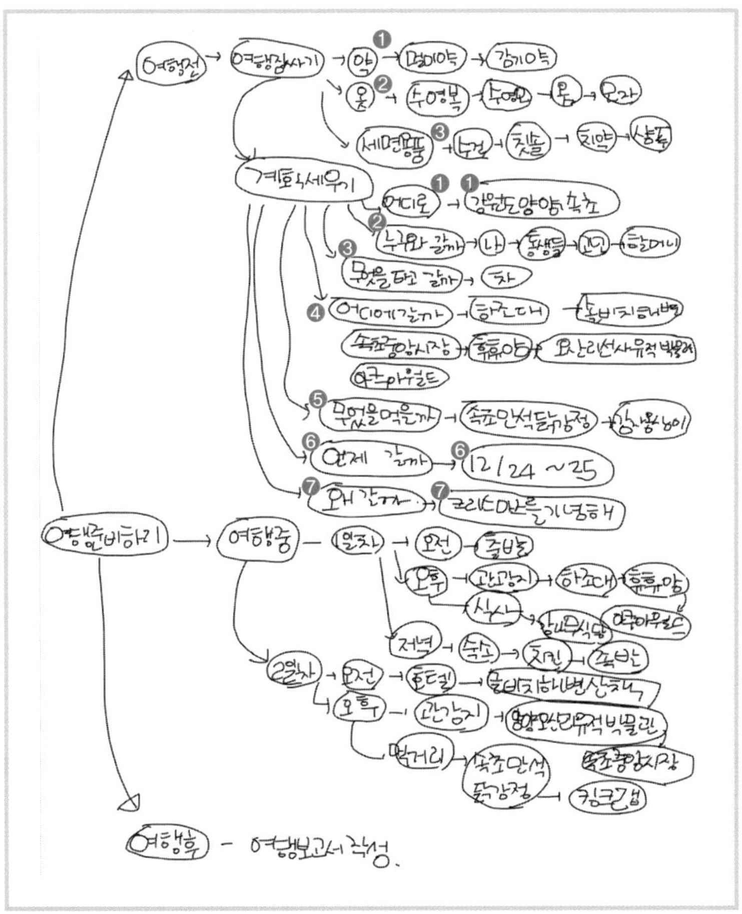

질문으로 생각을 확장하고 정리하라

생각정리를 잘하는 아이로 키우려면 질문을 잘하는 아이로 키워야 한다. 생각정리를 잘할 수 있는 또 하나의 원리는 질문이기 때문이다. 질문을 만들 때 유의할 점은 예·아니오로만 대답할 수 있는 닫힌 질문이 아니라 열린 질문으로 해야 더 많은 생각의 물꼬를 틀 수 있다. 이때 질문을 잘 만들려면 5W1H, 즉 육하원칙을 이용해 만들어야 한다.

누가, 언제, 어디서, 무엇을, 어떻게, 왜

아이와 함께 육하원칙을 바탕으로 질문에 꼬리를 이어가며 질문을 만들어 보고, 답도 써볼 수 있도록 지도해 보자. 질문을 만드는 구체적인 공식이나 방법은 2장의 퀘스천맵 편을 참고하자.

04

생각정리 도구, 손으로 직접 써보자

아이의 생각정리 도구는 퀘스천맵, 만다라트, 마인드맵, 3의 로직트리, 브레인스토밍, 브레인라이팅의 6가지 도구를 이용할 수 있다. 앞에서도 언급했듯이 모든 도구는 아이가 손으로 직접 그리고 쓰는 아날로그 방식을 추천한다. 구체적으로 활용하는 방법은 2장 '일곱색깔 생각정리 도구로 무지개를 띄우자' 편을 참고하자.

퀘스천맵

퀘스천맵(Question Map)은 질문의 구성요소인 육하원칙을 활용하여 간단하게 생각을 확장시키고, 일목요연하게 정리할 수 있는 장점이 있다. 아이의 학습도구, 아이디어 발상도구, 글쓰기 개요 작성 등 무

[예시] 퀘스천맵 / 신화초 2학년, 이주하

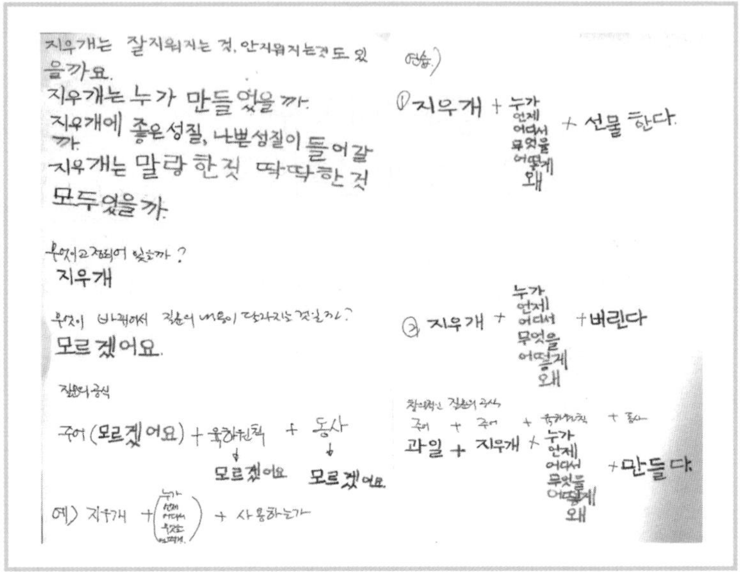

궁무진하게 활용이 가능하다. 질문의 공식(주어 + 육하원칙 + 동사)에 따라 질문을 만들면 우리 아이의 질문력에 날개를 달아줄 것이다.

만다라트

만다라트는 아이의 목표 달성을 위한 도구, 의사결정을 위해 다양한 선택안을 발상하는 도구로 주로 사용된다. 총 81개의 칸에서 가장 가운데에 있는 칸이 중심토픽이다. 중심토픽에 주제를 쓰고, 중심토픽을 둘러싸고 있는 8칸에 중심토픽을 뒷받침하는 주요토픽을 쓴다. 8개의 주요토픽을 둘러싸고 있는 8개의 박스는 하위토픽으로 주요토

[예시] '어린이날 받고 싶은 선물'을 주제로 그린 만다라트 / 길음초 1학년, 노은서

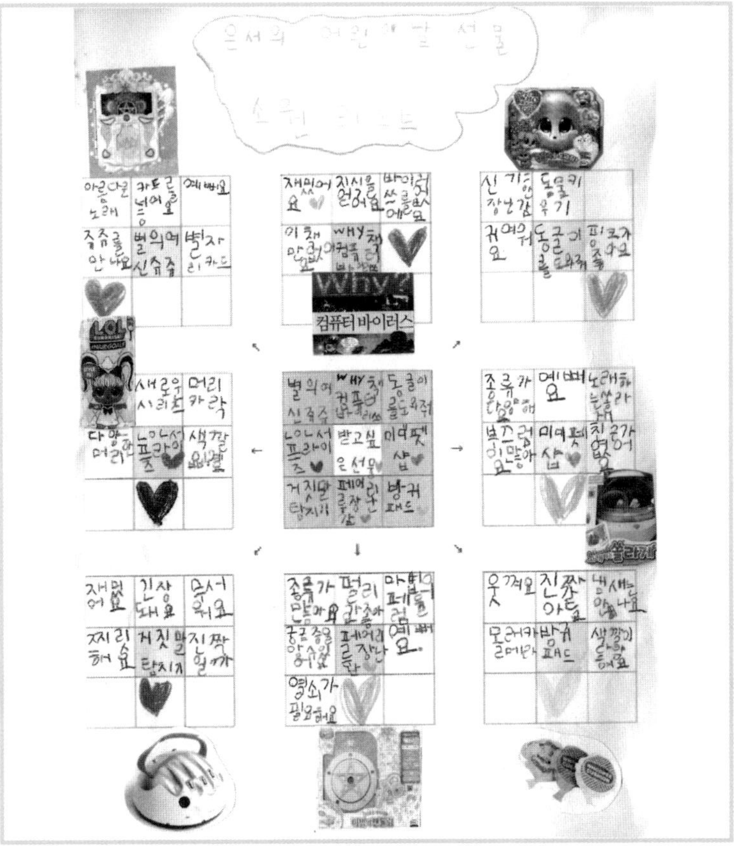

픽에 대한 하위내용이나 실천방법을 쓴다.

마인드맵

마인드맵을 그리려면 빈 종이와 3색 볼펜을 준비한 후 종이의 방향

[예시] 마인드맵으로 자기소개하기(나열 사례) / 광운초 5학년, 이세혁

이세혁
나이: 11살
다니는 학교: 광운초
취미: 축구, 농구
좋아하는 것: 축구, 그림 그리기
꿈: 축구 선수, 고생물학자
동생: 이주하.
성별: 남자
다녔던 교육기관: 자연어린이집, 초안 유치원
좋아하는 친구: 이동훈, 황하진, 박규민, 여지훈
책: 공룡과 관련된 책.
특기: 노래하기, 그림

[예시] 마인드맵으로 자기소개하기(분류-배열 사례) / 광운초 5학년, 이세혁

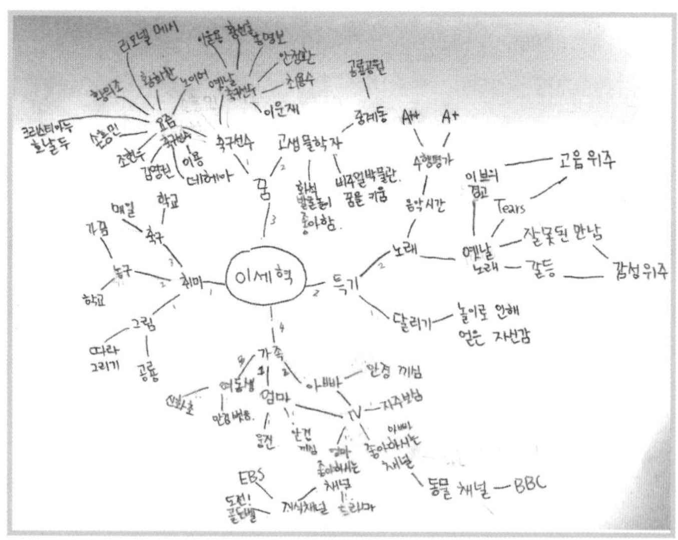

은 가로로 놓고, 중심토픽부터 질문을 통해 가지를 쳐나간다. 마인드맵을 그리기 전에 퀘스천맵으로 질문을 먼저 만들고 나서 마인드맵을 그리면 훨씬 더 풍성한 마인드맵 숲을 그릴 수 있다.

3의 로직트리

3의 로직트리는 어떤 주제든 3가지로 요약하고 정리하는 것을 말한다. 3의 로직트리를 활용해 생각을 정리하는 방법은 What tree, Why tree, How tree가 있다. '3'이라는 숫자의 마법을 활용해 명쾌하게 생각을 정리할 수 있을 것이다.

[예시] 3의 로직트리(나열-분류-배열 사례) / 창일초 2학년, 황시준

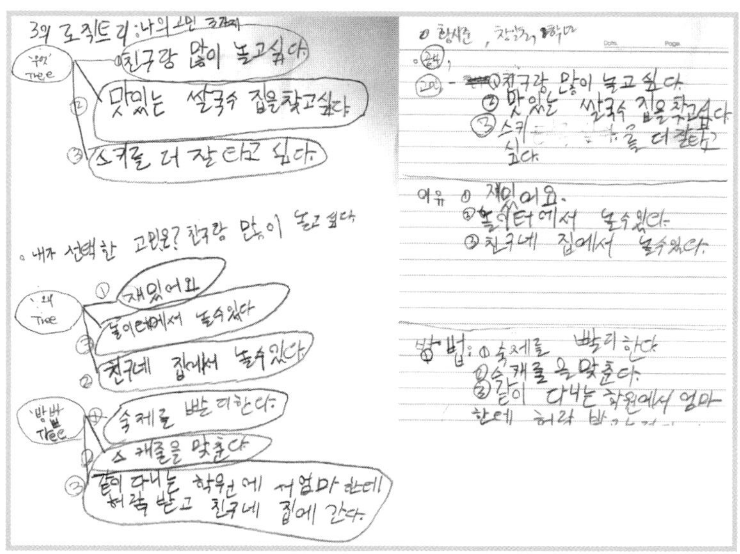

브레인스토밍

브레인스토밍은 아이디어들이 확산되며 눈덩이 뭉쳐지듯 연쇄적으로 이어지기 때문에 '눈 굴리기(snow bowling)' 기법이라고도 한다. 그룹 수업시에나 조별 과제를 할 때 활용하기에 적절한 도구다.

[예시] 브레인스토밍

브레인라이팅(침묵의 브레인스토밍)

브레인스토밍이 사람들이 모여 이야기하며 아이디어를 발상하는 방법이라면 브레인라이팅은 한 명씩 순서대로 종이에 생각을 적어나가며 아이디어를 발상하여 최종적으로 함께 아이디어를 평가하고 적절한 결론을 도출해 내는 방식이다. 다만 아이가 한글을 쓰지 못하고, 말만 할 수 있는 경우에는 브레인스토밍을 권한다.

복잡한 생각도 어떤 도구를 통해 정리하느냐에 따라 천차만별의 가치로 재탄생된다. 퀘스천맵을 통해 다양한 질문을 쉽고 재미있게

주제	급식 순서는 어떻게 정하는 것이 좋을까?			
	A	B	C	D
1	분단별 (1주마다 변경)	선착순	분단별(한주마다 변경)	분단별
2	선착순	번호순	번호순	키순
3	번호순		선착순	
결론	한 주마다 돌아가며 분단별로 줄을 서서 차례차례 배식을 받는다.			

만들어 볼 수 있고, 만다라트를 통해 의사결정을 위한 선택지를 구체적으로 탐색할 수 있으며 목표를 세워볼 수 있다. 마인드맵을 통해 복잡한 생각의 방향과 방법을 한 장으로 일목요연하게 그려볼 수 있으며, 3의 로직트리를 통해 모든 주제를 3가지로 정리하는 습관과 문제해결력을 키울 수 있다. 또한 브레인스토밍과 브레인라이팅을 통해 복잡한 생각을 끄집어내어 생각의 실체와 본질을 표현할 수 있고, 서로 각자 다른 생각을 공유할 수 있다.

05

아이의 생각정리, 공부를 잘하는 기본기다

생각정리를 잘하는 아이가 공부도 잘한다

대한민국의 교육과정 및 교과서는 총 10번의 개정과정을 거쳤고, 현재는 2015 개정 교육과정기에 있다. 다음은 그 중 초등 시기별 로드

〈초등 시기별 로드맵〉

1~2학년 시기	3~4학년 시기	5~6학년 시기
국어 읽기능력 신장	국어 읽기능력 신장	국어 쓰기능력 신장
영어 음성언어 신장(듣기와 말하기)	영어 읽기능력 신장	영어 쓰기능력 신장
자기중심 사고	가역적 사고	상징적 사고
기본 생활습관 형성	기본 생활습관 정착	기본 생활습관 완성
타율적 도덕성 발달	자율적 도덕성 발달	도덕적 실천
관계맺기 연습	우정 개념 발달	밀착된 사회적 관계 맺기
타율학습 연습	자율학습 연습	자율학습 형성
학습능력 기르기	학습능력 갖추기	학습능력 완성

출처 : 『아이의 미래 초등교육이 전부다』, 박용재, 베가북스

〈초등학교 3~4학년군 국어 4-2 ㉮ 교과서〉

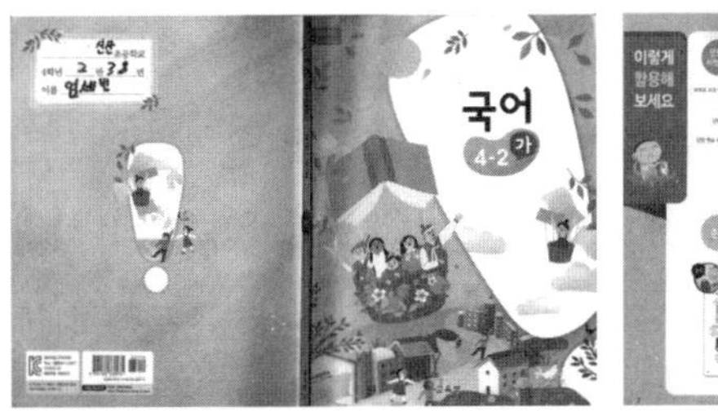

맵을 정리한 것이다.

우리 아이의 학습습관을 형성하는 가장 중요한 시기인 초등 시기별 로드맵과 우리 아이들이 배우고 있는 교과서만 살펴봐도 굵직한 줄기는 동일하다. 즉, 읽기·쓰기·말하기의 중요성이 커지고, 의사소통역량 강화를 위한 선생님과 친구들과의 상호작용이 대폭 늘어났다. 기존의 주입식 수업방식에서 탈피해 학생 주도의 수업으로 수업의 방점이 옮겨가기 시작한 것이다.

단순한 학습능력 이전에 나만의 창의적인 생각을 할 수 있는 능력, 그 생각을 읽고 일목요연하게 정리해서 쓰고 말하는 생각정리능력이 중요하다는 것을 입증하는 사례다. 즉, 생각정리를 잘하면 공부는 덤으로 잘할 수밖에 없다.

생각정리 원리와 도구로 끝내는 예습과 복습시스템

공부를 잘하는 비법은 30%가 예습, 70%가 복습이다. 이때 생각정리 원리를 바탕으로 퀘스천맵+마인드맵을 이용해 예습을 하면 훨씬 효과적이다. 교과서를 미리 펼쳐 다음 시간에 배울 부분을 먼저 읽고, 퀘스천맵으로 질문을 정리하고 마인드맵으로 스스로 답을 적어보게 해보자. 이 방법을 활용하면 아이는 배울 내용을 미리 스스로 공부하고, 다양한 질문을 던지고, 답을 생각해 봤기 때문에 학교 수업이 재미있게 느껴질 것이다.

복습은 배웠던 것을 다시 상기시키는 작업이다. 복습의 중요성은 두말할 나위 없다. 복습을 지도할 때도 마인드맵을 그려서 복습할 수 있도록 지도해 보자. 연습을 통해 익숙해지면 글로 복습하는 방법보다 쉽고 기억에도 오래 남는 방법이다. MBC의 예능프로그램인 〈마이리틀텔레비전〉에 출연해 자신의 복습법을 공개하면서 일명 '서울

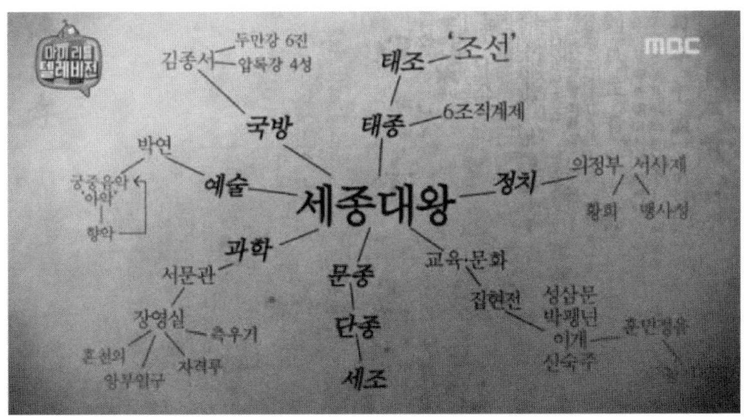

대 지주연 학습법'으로도 유명해진 학습법 또한 생각정리의 대표 도구인 마인드맵으로 정리하는 방법이다.

우리 아이들의 진짜 실력을 가르는 근본적인 차이는 어디서 오는가? 바로 꾸준한 연습으로 다져진 생각정리능력으로 향상된 학습능력이다. 결국 학습능력보다 생각정리능력을 기른 아이가 그 어떤 경쟁에서도 살아남을 최종 승자가 될 것이다.

06

생각정리스킬로 읽기·쓰기·말하기를 잡다

저명한 미래학자와 교육학자들이 아이들이 갖춰야 할 핵심역량에 대해 언급한 이야기를 취합해 보면 결론은 하나의 단어로 귀결된다. 바로 '창의력'이다. 창의력 하나면 로봇과의 경쟁에서도 거뜬히 '승리각'을 발휘할 수 있다는 말이다.

사전적 정의에 따르면 새로운 생각이나 개념을 찾아내거나 기존에 있던 생각이나 개념을 새롭게 조합해 내는 과정이 '창의성'이며, 이에 관한 능력을 '창의력' 또는 '창조력'이라고 한다.

『아웃라이어』『블링크』의 저자 말콤 글래드웰은 〈워싱턴포스트〉에 기고한 글에서 "스티브 잡스의 천재성은 디자인이나 비전이 아닌 기존의 제품을 개량해 새로운 제품을 만들어 내는 편집능력에 있다"고 주장했다. 또 『에디톨로지』의 저자 김정운 박사 역시 '창조는 편집'이라고 말했다. 그럼, 이러한 편집 능력을 기르기 위해서는 어떤 능력이 필요할까? 바로 읽기·쓰기 능력은 물론이고 말하기 능력이 바탕이 되어야 한다.

모든 엄마들이 우리 아이가 갖추었으면 하는 3대 역량이기도 한 우리 아이의 읽기·쓰기·말하기 능력을 키우기 위해서는 다른 역량보다 생각정리능력을 키우는 것이 먼저다.

생각정리스킬로 잡는 우리 아이 '읽기' 능력

아이의 읽기 능력을 향상시키기 위한 방법으로 독서만한 것이 없다. 책을 읽는 아이는 크게 두 부류로 나뉜다.

그냥 책을 읽는 아이 vs 생각을 정리하며 책을 읽는 아이

첫 번째 읽기 전략은 빠르게 보기, 질문하기, 정독하기, 되새겨 보기, 검토·점검하기 전략으로 책을 읽도록 지도하는 것이다. 즉, 책을 읽는 내내 생각을 정리하면서 책을 읽도록 지도하는 전략이다.

빠르게 보기	책의 제목, 삽화, 그림 등을 보며 전체 내용 빠르게 보기
질문하기	훑어본 내용을 바탕으로 퀘스천맵으로 질문 만들기
정독하기	앞에서 만든 질문을 확인하는 데 초점을 두고 자세히 읽어보기
되새겨 보기	책을 덮고, 책의 중요한 부분을 되새겨 보면서 마인드맵으로 요약 · 정리하기
검토 · 점검하기	지금까지 읽은 내용을 검토 · 점검하기

각각의 독서과정 중에도 적용되는 생각정리 전략이 있다. 독서의 과정을 3단계로 나누면 ① 독서 전 ② 독서 중 ③ 독서 후로 나눌 수 있다.

독서 전	독서 중	독서 후
• 책 표지, 저자 프로필 보기 • 목차 보기 • 책을 훑어보며 핵심단어 찾아보기	• 다음에 이어질 내용 예측해 보기 • 책의 주제 파악 • 밑줄 치기, 여백에 질문 쓰며 읽기	• 책의 핵심내용과 뒷받침내용 확인 • 독서 전이나 독서 중에 기대하던 내용과 비교해 보기
엄마의 독서 전 지도전략	**엄마의 독서 중 지도전략**	**엄마의 독서 후 지도전략**
• (제목, 핵심어, 그림을 보고) 연상하기 • K(아는 것) – W(알고 싶은 것) – L(배운 것) 써보기	• 다음 내용 예측하게 해보며 읽기 • 퀘스천맵의 원리를 이용해 질문하고 대답해 보기	• 책의 중심내용을 마인드맵으로 정리해 보기 • 책의 내용을 이해하는 활동하기(토론하기, 질문하기) • 독서감상문 쓰기 • 독서리스트 작성하기

이때 독서 전·중·후 단계에 걸쳐 가장 많이 제시되는 방법은 'K-W-L 전략'이다. 이 방법은 아이가 여러 명이라면 브레인스토밍이나 브레인라이팅으로 정리해도 좋다. K란에는 책을 읽기 '전' 책의 주제에 대해 이미 알고 있는 것을 생각해서 적어본다. W란에는 책을 읽는 '동안' 책의 주제에 대해 알고 싶은 것들을 질문하며 읽는 것이고, L란에는 책을 읽은 '후' 책을 통해 찾아낸 새로운 정보와 지식을

K(아는 것)	W(알고 싶은 것)	L(배운 것)

정리하는 것이다. 이런 과정을 통해 아이들이 독서의 전·중·후 과정에서 얻은 정보를 유기적으로 연결시켜 이해시킬 수 있다.

(1) 독서 전 단계

독서 전 단계에 들어가기에 앞서 우선 아이와 함께 책을 선정해 보자. 표지와 제목이 중요하다. 아이들은 관심이 가는 것에는 자주 손이 가고, 관심이 없는 것에는 냉정하다. 책에 계속 손이 가려면 아이가 관심을 가질만한 제목, 주제, 카피 등을 직접 보고 고르게 해야 한다. 마음에 드는 책을 골랐으면 책의 제목이나 표지를 보고 내용을 연상하게 해보자.

그리고 나서 목차를 살펴보자. 목차는 아이들이 호기심을 가질 수 있는 방향으로 제시된다. 목차만 보고 아이와 줄거리를 만들어 보는 것도 좋다. 목차의 큰 제목만 연결 지어도 전체 내용을 유추해 볼 수 있으며, 책의 내용이 한눈에 들어온다.

그 다음에는 책의 내용을 훑어본 다음 '핵심어 찾기 놀이'도 해보자. 거꾸로 핵심어와 그림 등을 보고 책의 내용을 연상하는 방법으로, 책으로 학습을 한다기보다는 즐겁게 놀이를 한다는 느낌으로 접근하는 것이 좋다.

(2) 독서 중 단계

본격적으로 독서 중 단계에 들어간다면 책의 내용을 이해하고 핵심을 파악하는데 목적을 두어야 한다. 독서 전 단계의 목차 부분에서 아이가 궁금해했던 내용이 있다면 검색하듯이 그 부분만 보도록 한다. 궁금증을 해소하는 방법이 책이라는 점을 익히면 책을 보는 습관이 자연스럽게 길러질 수 있다. 이어질 내용을 예측하거나 생략된 부분을 예측하며 읽는 것을 지도하는 방법도 독서 중 단계의 하나다.

(3) 독서 후 단계

독서 후에는 '독후감, 독서토론, 독서리스트'라는 3가지 독후활동을 통해 우리 아이의 단단한 독서스킬을 다질 수 있다.

독후감을 잘 쓰려면 우선 책의 인물이나 사건에 대한 이해가 필수다. 인물을 이해하기 위해서는 인물평가표나 인물연대기, 인물의 감

2018년 나의 독서리스트

	분류	제목	글쓴이/그림	시작일	완료일
1	문학	바보 빅터	호아킴 데 포사다	2018. 4.1	2018. 4.2
2	문학	얼굴 빨개지는 아이	장자끄 상뻬	2018. 4.3	2018. 4.7
3	역사	남대문의 봄	이현욱/유기훈	2018. 4.8	2018. 4.12
4	역사	아홉살 인생 멘토	최유복/조재석	2018. 4.13	2018. 4.17
5	철학	나에게 하는 약속	신진희	2018. 4.18	2018. 4.23
6	종교	탈무드	박수현	2018. 4.24	2018. 4.29
7	수과학	누나는 수다쟁이 수학자	박현정/정혜경	2018. 4.30	2018. 5.4
8	과학	건강한 지구 내가 지켜요	북르크 하트 바로스	2018. 5.5	2018. 5.10
9	철학	이솝 이야기에서 리더십	고수유/이일선	2018. 5.11	2018. 5.15
10	문학	나쁜 초콜릿	샐리 그린들리/유신기	2018. 5.16	2018. 5.18
11	역사	여자는 힘이 세다	유영소/[illegible]유미	2018.5. 19	2018. 5.23
12	문학	옹고집전	김회경/김규택	2018. 5.24	2018. 5.27
13	문학	반창고 우정	송아주/최정인	2018. 5.28	2018. 6.3
14	사회과학	작은 씨앗 희망의	알마 플로르 아다	2018.6.4	2018. 6.8
15	사회과학	우리 돈 이야기	김연숙	2018. 6.9	2018. 6.13

[예시] 아이의 독서리스트 / 신산초 4학년, 최하린

정곡선을 아리랑곡선으로 표현해도 좋고, 인물에게 편지를 써보게 하는 것도 좋다. 사건을 이해하기 위해서는 사건의 도표를 그려보거나 이야기 지도를 만들어 보거나 신문기사를 함께 써보자. 또한 사건을 마인드맵으로 그려보면 이해도를 높일 수 있다.

그리고 책을 읽고 난 후의 생각을 아이와 나눠보자. 책을 이해하고 오래 기억하게 하는 방법이 바로 토론이다. 여기서 염두에 두어야 할 점은 아이가 말하는 내용이 책의 내용과 맞지 않더라도 아이의 생각을 존중하는 것이 중요하다. 또 아이의 질문에 꼬리를 물고 끊임없이 질문을 하고 답을 주고받는 과정을 통해 책의 내용을 깊이있게 이해하고 정리할 수 있게 도와주어야 한다.

마지막으로 독서리스트 작성은 읽었던 책의 제목, 저자명, 시작일과 완료일을 적어보는 것이다. 아이가 리스트를 채우기 위해 책을 더 읽고 싶게 만들 수 있으며, 아이의 편독을 막을 수 있고, 주 관심사를 파악하는 자료로 활용할 수 있다.

생각정리스킬로 잡는 우리 아이 '쓰기' 능력

생각정리가 바탕이 된 글쓰기의 단계는 총 6단계로 이루어진다.

① 계획 단계에서는 글의 목적과 주제를 정한다.
② 자료수집 단계에서는 관련 책과 자료, 인터넷 자료, 교과서에서 찾거나 직접 인터뷰를 통해 수집하고 정리한다.

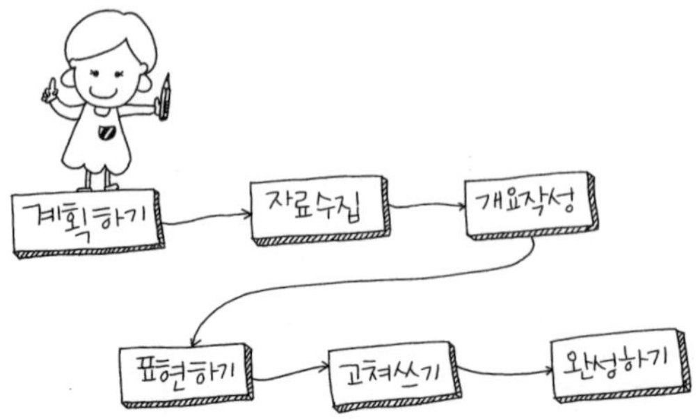

③ 개요 작성은 생각정리 원리를 바탕으로 마인드맵으로 작성한다. 최대한 구체적으로 작성하도록 지도한다.

④ 표현하기 단계에서는 개요를 바탕으로 내용을 덧붙이거나 빼면서 글을 작성한다.

⑤ 고쳐쓰기 단계에서는 스스로 글을 평가하거나 부모님·선생님·친구에게 피드백을 요청하여 수정하도록 한다. 글은 피드백을 통해 고쳐쓰면 고쳐쓸수록 점차 향상된 글쓰기 실력을 기대할 수 있다는 점을 아이에게 알려준다.

⑥ 완성하기 단계는 평가 및 조언을 참조하여 아이가 글을 완성하게 하는 단계다.

글은 서론·본론·결론으로 구성한다. 서론에서는 문제점이나 주제를 중심으로, 즉 상위토픽을 중심으로 이야기를 다루어야 한다. 본론에서는 비교·대조·분석·종합 등의 글쓰기 방법을 활용하여 다양하게 풀어본다. 결론에서는 본론에서 다루었던 내용을 정리하며 마무리해야 한다.

[예시] 아이 독후감 / 신산초 4학년, 최하린

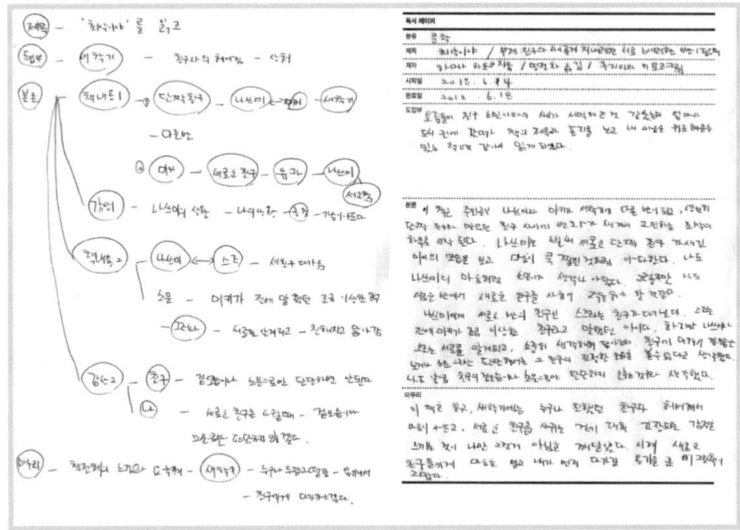

독후감의 경우 아이가 독후감을 쓰기 전에 엄마가 먼저 써보면 아이의 독후감 쓰기 지도에 훨씬 더 도움이 된다.

독후감 외에도 아이들이 쓸 수 있는 글의 종류는 일기, 생활문, 동시, 기행문, 편지, 설명문 등으로 다양한데, 생각의 확장과 정리의 과정은 크게 다르지 않다. 다만 이때 아이의 글쓰는 패턴은 크게 세 패턴으로 나뉘게 된다.

그냥 글을 쓰는 아이 vs
생각을 정리하면서 글을 쓰는 아이 vs
생각정리를 다 끝내고 글을 쓰는 아이

따라서 생각정리 후에 글쓰기 공식을 기억하면서 글의 종류에 제한을 두지 말고 다양하게 써보는 연습을 통해 글쓰기에 재미를 붙이도록 지도해 보자. 글쓰기 공식인 WWHI 공식은 로직트리의 논리 구성에 IF를 넣어 글의 마무리까지 작성한 것이다. 즉, 글의 순서를 WHAT – WHY – HOW – IF의 순으로 작성하는 것이다.

제목	인터넷에서도 상대방에 대한 예절을 지키자
〈도입부〉 WHAT (문제의 도입, 문제제기, 주제암시)	인터넷에서 다른 사람의 글에 악플을 다는 사람이 많다. 인터넷이라고 해도 상대방에 대한 예절은 지켜야 한다.
〈본론〉 WHY (이유, 근거) HOW (방법, 사례)	왜냐하면 악플은 상대방에게 상처를 주는 행위다. 예를 들어 몇 년 전 스스로 목숨을 끊은 한 연예인의 경우에는 악플 때문에 죽을 결심을 했다고 한다.
	상대방의 입장에서 생각하는 역지사지의 관점이 필요하다. 얼굴을 보며 할 수 없는 말은 인터넷에서도 하지 말아야 한다.
〈마무리〉 IF (효과, 주장 재강조)	인터넷이라고 해도 상대방에 대한 예절을 지켜야 한다. 그렇게 되면 서로 더 배려하고 존중하는 따뜻한 세상을 만들 수 있을 것이다.

생각정리스킬로 잡는 우리 아이 '말하기' 능력

생각정리를 잘하는 아이가 글도 잘 쓰고, 심지어 말까지 잘한다. 가까운 예로 복주환 저자가 매달 여는 〈생각정리스쿨〉 수업의 후기를 들 수 있다. "분명 생각정리스킬 수업을 들었는데 글쓰기와 말하기 실력까지 늘어 취업에 성공했어요"라는 취업준비생의 후기가 그 효과를 입증한다. 우리 아이들의 경우도 마찬가지다. 글을 쓰고 말을 하기 전에 잘 정리된 생각이 갖추어져 있을 때 논리적인 글과 조리

있는 말이 완성된다.

말하기를 준비하는 모든 과정이 생각정리의 과정이며, 아이의 생각정리 말하기는 총 6단계로 이루어진다는 점을 인지시키고 지도해 보자.

(1) 계획부터 먼저 정리하라

말하기의 시작은 우리 아이가 말할 내용의 주제와 목적을 정하고, 어떤 순서로 말할지의 대략적인 순서를 정하는 것이다. 다음 단계는 자료수집이다. 말할 내용에 걸맞는 자료를 잘 모아 정리하는 것이 무엇보다 중요하다는 것을 알려주자.

(2) 대상을 분석하라

아이들의 경우에는 주로 선생님과 반 친구들을 대상으로 하는 말하기가 많지만 웅변대회나 전교 어린이회장 선거연설처럼 전교생이나 다른 학교 친구들 앞에서 말을 하는 경우도 있다. 대상에 따라 말의 빠르기나 억양, 존대표현 등을 달리하여 말해야 한다는 것을 지도하자.

(3) 핵심 메시지를 선정하라

말하고 싶은 내용을 줄이고 줄여서 한 문장으로 표현하는 연습을 꾸준히 시킨다면 우리 아이의 말하기 능력을 한층 더 성장시킬 수 있다. 이때 말하기의 목표와 줄거리, 방향을 담아 한 문장으로 표현해야 한다.

(4) 자료는 마지막까지 수집하라

자료는 인터넷, 책, 잡지, 인터뷰 등을 통해 수집할 수 있다. 최대한 많은 양의 자료를 수집해 말하기 대본을 작성하는 연습을 꾸준히 하다 보면 아이 스스로 좋은 자료를 선별할 수 있는 안목을 기를 수 있고, 자유자재로 활용할 수 있는 경지까지 기대할 수 있다.

(5) 스피치 대본을 작성하라

스피치 순서는 마인드맵으로 목차로 만들어 함께 정리해 보자. 생각정리 원리를 이용해 우선 주제와 관련된 모든 질문을 나열한다. 그리고 질문을 항목으로 바꾼다. 이때 항목은 키워드로 요약하며, 필요 없는 질문은 지운다. 마지막으로 주제를 전달하기에 효과적인 순서대로 재배열한다.

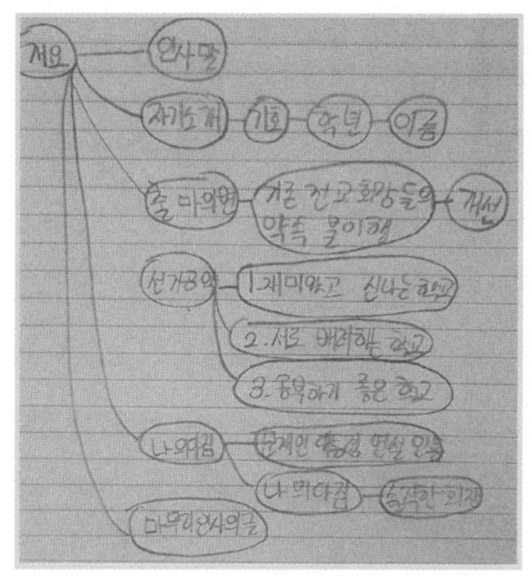

〔신촌초등학교 전교 회장 연설문〕

안녕하십니까? 저는 이번 전교 회장 선거에 출마한 기호 1번 권형우입니다. 저는 전교 회장들이 공약을 지키지 못하고 임기를 마치는 것을 자주 보아 왔습니다. 그래서 저는 제가 꼭 지킬 수 있는 3가지 공약만 말씀드리겠습니다

첫째, 아침마다 눈 뜨면 빨리 가고 싶은 재미있고 신이 나는 학교를 만들겠습니다. 두 달에 한 번은 학생 모두가 참여 가능한 재미있는 이벤트를 열어 모두가 즐겁게 즐길 수 있도록 만들겠습니다.

둘째, 서로 배려하는 학교를 만들겠습니다. 우리 학교에도 학급 내의 왕따나 따돌림 문제가 심각하다고 들었습니다. 학생들끼리 서로 배려하고, 함께 즐겁게 지낼 수 있는 학교를 만들기 위해 노력하겠습니다.

셋째, 공부하기 좋은 학교를 만들겠습니다. 쾌적한 학습환경과 필요한 시설이나 비품 확충을 위해 학교 측과의 끊임없는 협의를 통해 공부하기 좋은 학교를 만들겠습니다.

사랑하는 학우 여러분! 문재인 대통령은 대통령 선거 연설에서 약속을 지키는 솔직한 대통령이 되겠다고 했습니다. 저도 여러분께 약속드립니다. 약속을 지키는 솔직한 회장이 되겠습니다. 저를 선택해 주신다면 여러분이 원하는 학교를 만들겠습니다. 감사합니다.

기호 1번, 권형우, 기억해 주십시오.

(6) 연습은 실전처럼 준비하게 하라

스피치 대본을 글로 작성해 출력하여 소리 내어 읽어보게 한다. 대본을 전부 외우려 하기보다는 핵심단어 위주로 흐름을 기억하게 하자. 그리고 나서 실제로 말하는 현장에 있는 것처럼 연습하게 해보자. 혼자서 연습하다가 어느 정도 자신감이 생겼을 때 가족들 앞이나 친한 친구들 앞에서 해보게 하여 피드백을 받는 것도 좋은 방법이다.

아이의 진로, 생각정리부터 시작하자

진로교육이 대세다. 청소년이나 대학생, 취업준비생들은 물론이고, 취업이나 재취업을 원하는 주부, 은퇴기에 이른 노년층에 이르기까지 진로에 대한 고민은 너나 할 것 없이 깊다.

취업포털 '사람인'이 대학생 484명을 대상으로 전공 선택을 후회한 적이 있느냐라는 질문에 73%의 학생이 후회한다고 답했다. 또 다른 취업포털 '커리어'에서는 1,045명의 직장인을 대상으로 학창시절이 후회되는가와 그 이유를 물어보는 질문에 84%의 직장인이 후회한다고 답했으며, 그 이유는 진로설계를 구체적으로 하지 않은 것을 후회한다는 답이 43%로 가장 많았다.

진로교육의 개념은 아이들이 자신의 진로를 탐색하고, 그에 맞는 준비를 하여 사회적 자기실현을 수행해 가도록 돕고 지도하는 것을 말한다. 다행히 요즘에는 초등학교에서부터 진로교육의 중요성이 강조되어 각 학교별로 진로상담이나 교육이 이루어지고 있어 생소하지 않지만 그렇지 않은 엄마들에게는 다소 생소하게 느껴질 수도 있다.

물론 아직도 우리 교육은 아이들의 적성과 진로보다는 대학 간판에 집중되어 있는 것이 현실이다. 하지만 이제는 우리 아이가 스스로에게, 그리고 엄마가 아이에게 던지는 질문을 바꿔야 할 때이다.

'어떤 과목을 공부할 때 재미있는가?'
'나는 무엇을 좋아하는가?'
'나는 어떤 일을 하면 행복할까?'

진로 찾기도 생각정리 한 걸음부터

진로상담 전문가인 미주리대학교 헤프너 교수는 "자신에게 잘 맞는 일을 찾아가는 일이란 마치 내가 누구인가를 찾아가는 영적인 여행과 같습니다. 평생 고민해야 할 숙제입니다."라고 말했다. 그렇다면 나를 찾아가는 긴 여행을 하기에 앞서 어떻게 여행을 하면 시간과 비용을 적게 들이고도 즐거운 여행을 할 수 있을지에 대한 계획을 세워 보는 것이 우리의 우선 과제일 것이다.

막막하고 어렵게만 느껴지는 우리 아이의 진로 찾기, 어떻게 찾을 수 있을까? 그 해답도 역시 생각정리에 있다.

(1) 자기이해 : 나에 대한 생각정리를 통한 진로탐색활동

① 나에 대해 소개하기

우선 아이에게 나에 대해 생각나는 대로 적어보게 해보자.

나의 장점, 취미, 특기,
내가 좋아하는 일과 그 이유,
내가 잘하는 일과 그 이유,
내가 좋아하는 과목과 그 이유,
내가 싫어하는 과목과 그 이유,
나의 꿈과 그 꿈을 꾸게 된 이유,
꿈이 없다면 왜 꿈이 없는지,
꿈을 가지기 위해서는 어떻게 해야 할까?
나의 1년 후, 5년 후, 10년 후는 어떨까?

다 적은 후에는 생각정리 도구인 마인드맵과 3의 로직트리를 이용해 정리해 보자. 중심토픽에 나의 이름을 적고, 나열된 생각을 분류해서 적어본 후 내가 중요하다고 생각하는 우선순위에 따라 배열해 보자. 막연하게 생각만 하다가 이렇게 적으며 정리하다 보면 아이가 자신에 대해 한층 더 깊게 이해할 수 있고, 아이가 스스로 진로의 실마리를 찾는 시간이 될 것이다.

② 인생그래프 그려보기 & 내 인생의 10대 뉴스 적어보기

아이와 함께 인생의 과거·현재·미래 그래프를 그려보고, 그 중에서 10가지 중요한 사건을 뽑아 내 인생의 10대 뉴스를 적어보자.

③ 우리 아이 이력서 만들기

앞서 정리해 본 아이의 자기소개 내용과 인생그래프, 10대 뉴스의 내용을 바탕으로 아이의 이력서를 함께 만들어 보자. 무턱대고 이력서를 만드는 것보다 아이에 대해, 그리고 아이가 해왔던 일들에 대해 미리 정리한 후 이력서를 만들면 내용의 누락없이 우리 아이를 훨씬 더 돋보이게 하는 이력서를 만들 수 있다.

(2) 독서와 생각정리를 통한 진로탐색활동

진로탐색을 위해 빠뜨리지 말아야 할 활동 중에서 가장 중요한 것은 독서다. 진로독서 지도가 필요한 이유는 독서를 통해 아이가 스스로를 이해하고, 직업에 대한 간접경험의 계기를 만들 수도 있다.

우리 아이의 생각정리 진로독서의 방법은 독서 전·중·후 활동으로 나눌 수 있다.

우선 독서 전에는 책의 제목이나 표지, 목차를 보고 진로와 관련된 질문을 함께 적어보거나 책에서 제시된 진로에 대해 아이의 지식이나 경험을 떠올려 적어본다.

독서 중에는 책에서 제시된 진로와 관련된 정보를 찾는다. 또한 아이가 고른 책에서는 직업이 어떻게 그려지고 있는지 확인한다.

마지막 독서 후 과정에서는 책을 읽고 엄마와 함께 책에 나온 직업

에 대해 이야기를 나눌 수 있고, 자신이 좋아하는 일이나 잘하는 일에 대해서도 이야기를 나누면서 의미있는 시간을 만들 수 있다.

(3) 만다라트에 정리하기

아이와 함께 만다라트에 '나의 미래 직업을 이루기 위해 할 일'을 적어보자.

진로는 하루 아침에 파악될 수 없다. 평소에도 꾸준한 생각정리와 독서를 통해 아이 스스로가 자기 자신에 대해 탐색해 보고, 인생그래프를 통해 나의 강점과 약점을 파악하는 과정에서 자연스럽게 부각될 수 있다. 또한 이력서를 작성하며 내가 어떤 일을 할 때 집중하고 몰입했는지에 대한 단서를 찾을 수 있다.

'Slow and steady wins the race'

〈나의 미래 직업을 이루기 위해 할 일〉

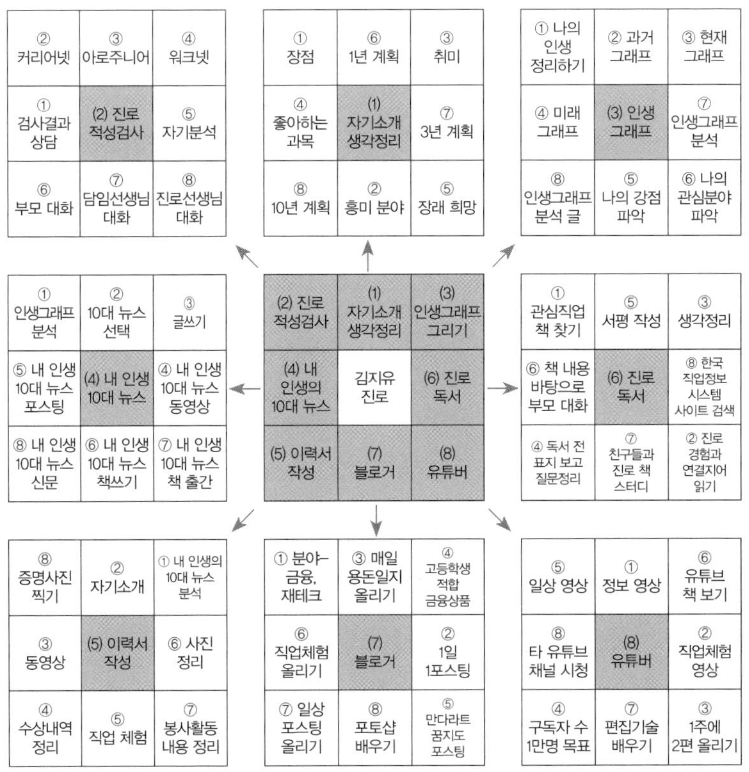

서두르지 않고, 꾸준히 생각을 정리하며 알아가는 우리 아이의 진로는 '뜻대로'이며 '탄탄대로'가 될 것이다.

우리 아이의 꿈을 이루는 꿈지도와 꿈편지

'문제아' '상업고생' '컴백홈의 소녀' '골든벨 소녀' '꿈쟁이' ….

여러 사람을 수식하는 말 같지만 모두 한 사람을 수식하는 말이다. 그 주인공은 무려 30만 독자의 인생을 바꾼 책 『멈추지 마, 다시 꿈부터 써봐』의 저자 김수영이다. 인생의 바닥을 친 순간 꿈을 썼고, 운명이 달라졌다고 그녀는 말한다. 그녀는 대한민국 대표 꿈쟁이로서 여전히 자신의 꿈을 쓰고 이루며 우리 아이들에게 열정적으로 꿈을 꾸고 도전하라고 말하는 꿈 전도사다.

어떤 아이들은 꿈을 꾸고 이루는 건 소수에게나 주어진 운이라고, 꿈을 꾸는 건 사치라고 말한다. 하지만 어떤 아이들은 인생의 바닥에서 꿈을 꾸고 썼으며, 마침내 당당히 꿈을 이루어 인생의 정점에서 살아가는 기적을 누리고 있다.

건축가	댄서	발레리나
무대 연출가	예술가	작곡가
화가	시인	소설가

가수	개그맨	배우
유튜버	연예인	아나운서
MC	모델	아이돌

유치원	초등학교	중학교
보육원	선생님	고등학교
특수학교	교수	학원

성형외과	정형외과	내과
한의사	의사	소아과
정신과	피부과	치과

예술가	연예인	선생님
의사	꿈	운동선수
음식연구	프로게이머	법조인

야구선수	농구선수	축구선수
배구선수	운동선수	피겨선수
유도선수	수영선수	검도선수

중식요리사	일식요리사	양식요리사
한식요리사	음식연구	제빵사
바리스타	소믈리에	요리연구가

FIFA	LoL	오버워치
스타크래프트	프로게이머	배틀그라운드
하스스톤	워크래프트	카트라이더

판사	변호사	검사
경찰	법조인	공무원
정치인	헌법재판관	법학교수

만다라트는 목표를 세우고 달성하는데 활용하면 좋은 도구이다. 위의 만다라트는 '2017년 초등학생 장래희망 순위'에 따라 10위 안에 드는 꿈을 옮겨 적은 것이다. 만약 아이가 아직 뚜렷한 꿈이 없다면 엄마와 함께 총 81칸에 주어진 장래희망을 찾아보며 자신의 미래에 대해 탐색해 보는 시간을 가져보자. 생각이 멈춘 상태에서 만다라트가 생각을 활성화하는 역할을 하기 때문이다. 자신이 관심있는 장래희망을 찾았다면 그 장래희망에 대해 엄마와 함께 자세히 대화를

나눠보는 시간을 가질 수도 있을 것이다.

자극과 반응 사이에서 꿈을 선택하자

꿈이 있는 아이라면 엄마와 함께 직접 꿈지도를 그려보자. 생각정리 도구인 만다라트의 중심토픽에 주제를 적는다.

[예시] 꿈지도 / 동북초 4학년, 구민혜

예를 들어 만약 과학자가 되고 싶은 아이라면 중심토픽에 과학자를 적고, 내가 성취하고 싶은 꿈을 이루기 위한 구체적인 방법을 8개의 칸에 하나씩 채워나간다. 즉, 과학자에게 필요한 공부, 독서, 손재

주, 생각 등을 주요토픽에 적는다. 하위토픽은 주요토픽의 내용을 실현할 세부 아이디어를 적는다. 하위토픽의 내용도 구체적일수록 좋다. 더 구체화시키고 싶은 하위토픽의 경우에는 마인드맵으로 추가로 덧붙여 구체성을 높인다.

이때 도달기한을 함께 적어주면 좋다. 또한 더 생생하게 꿈꾸기 위해서는 꿈과 관련된 사진, 책이나 잡지의 사진·그림 등 시각자료를 함께 붙여서 꾸민다. 마지막으로 우선순위를 결정하여 무엇부터 실행에 옮길지 결정한다.

꿈지도를 작성했다면 반드시 여백에 "2019년 12월 31일, 꿈을 이뤘습니다. 감사합니다."라고 적고, 시간이 날 때마다 보고 큰소리로 읽자. 확언과 낭송은 꿈을 이루는데 있어 화룡정점의 요소가 될 것이다.

그 악명 높은 아우슈비츠 수용소에서 살아남은 정신치료사이자 정신과 의사인 빅터 프랭클은 "자극과 반응 사이에는 공간이 있다. 그 공간에는 반응을 선택할 수 있는 자유와 힘이 있다. 그 반응에 우리의 성장과 행복이 달려 있다."고 말했다. 현실이 아무리 고되고 힘들지라도 우리는 자극과 반응 사이의 공간에서 반응을 선택할 자유와 힘이 있다. 자극과 반응 사이에서 우리 아이들이 꿈을 선택할 수 있도록 자유와 힘을 보태주자. 그리고 생생하게 꿈꿀 수 있는 꿈지도를 그릴 수 있도록 도와주자. 꿈지도를 그렸다면 꿈지도에서 멈추지 말고, 꿈편지도 함께 써보자.

아이의 꿈편지도 현재형으로! 구체적으로! 칭찬형으로!

엄마의 꿈편지와 마찬가지로 아이의 꿈편지도 꿈을 이루었다는 현실감과 생동감을 아이 스스로 다지기 위해 현재형으로 쓴다. 또한 편지의 내용은 구체적이어야 한다. 자신이 꿈을 이루게 된 이유, 시기, 꿈을 이루기 위해 노력한 방법 등을 구체적으로 적으면서 앞으로 이렇게 해야겠다는 다짐을 무의식중에 되새길 수 있다. 마지막에는 스스로에게 잘했다는 칭찬을 하자. 다음의 꿈편지를 참고하여 아이 스스로 혹은 엄마와 함께 꿈편지를 써보자.

To. 과학자의 꿈을 이룬 민혜

안녕 민혜야, 우선 과학자의

꿈을 이룬 너를 칭찬해.

너는 매일 1권의 책을

10번씩 읽어서 과정을 터득했어.

지금처럼 앞으로 열심히 공부도

해서 더 많은 내 꿈을 이룰게!

2018년 12월 16일(일)

꿈을 이룬 민혜에게

[예시] 꿈편지 / 동북초, 4학년, 구민혜

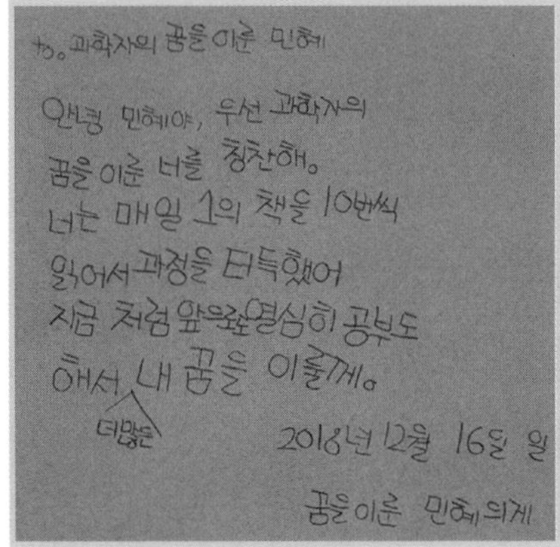
to. 과학자의 꿈을 이룬 민혜

안녕 민혜야, 우선 과학자의

꿈을 이룬 너를 칭찬해.

너는 매일 1의 책을 10번씩

읽어서 과정을 터득했어

지금 처럼 앞으로 열심히 공부도

해서 내 꿈을 이룰게.

더 많은

2018년 12월 16일 일

꿈을 이룬 민혜의게

꿈꾸는 아이가 멀리 간다

아이가 커갈수록 많은 엄마들이 토로하는 고민은 아이가 좋아하는 것은커녕 꿈마저 없어 걱정이라는 말을 많이 한다. 작은 꿈이든 큰 꿈이든 우리 아이들이 꾸는 꿈이라면 그 어떤 꿈도 소중하다. 꿈을 꾸는 것에만 그치지 말고, 꿈지도에 꿈을 적고 그리며 꿈편지까지 쓴다면 아이는 자신의 꿈을 응원하는 든든한 1등 지원군이 될 것이다.

아이의 하루습관, 꿈으로 가는 박물관이다

아이교육, 습관에서 시작해 습관으로 끝난다

성공적인 자녀교육은 습관이 전부다. 어린 시절 몸에 밴 좋은 습관 하나가 아이의 꿈을 이루는 원동력이 되고, 더 나아가 아이의 인생 전체까지도 바꿀 수 있는 큰 힘이 된다. 따라서 엄마는 좋은 습관을 만들기 위해 아이와 함께 노력해야 한다.

인생의 핵심습관인 하루습관에 생각정리의 원리와 도구를 접목시킨 '생각정리하루습관'이 우리 아이의 좋은 습관 형성에 합리적인 길잡이가 되어줄 것이다. 여기서도 중요한 점은 아이의 생활 패턴에 맞게 너무 무리하지 않을 정도로만 골라 실천하거나, 6가지 습관을 모두 실천해도 무방하다. 다만, 단 한 가지의 습관이라도 밥 먹듯이 매일 꾸준히 실천하는 것이 중요하다.

하루습관 × 생각정리스킬 = 아이의 생각정리하루습관

(1) 하루목표

아이의 하루는 어른의 하루보다 소중하다. 오늘 무엇을 배웠고, 어떤 습관을 만들었는가를 통해 아이의 미래가 형성되기 때문이다. 매일 밤 데일리리포트 뒷면에 내일의 하루목표를 적는 것은 하루습관을 잡아주는 소중한 길잡이가 될 것이다.

(2) 하루독서

요즘은 스마트폰을 가지고 있지 않은 아이들이 드물고, 많은 아이들이 유튜브 영상 채널에 빠져있다. 그러다 보니 아이들의 뇌는 글을 읽고 해석하는 능력보다 영상에 익숙한 뇌로 변하고 있다. 이런 환경에서 어릴 때부터 아이들의 독서습관을 잡아주는 것보다 더 중요한 것은 없다.

(3) 하루글쓰기

글을 쓰면 아이들의 합리적 사고력이 증진된다. 따라서 아이들에게 장르를 가리지 말고 매일 짧은 글이라도 꾸준히 써보기를 권한다. 매일 짧은 글이라도 퀘스천맵으로 질문의 지도를 만들어 생각을 발산한 후 마인드맵으로 개요를 작성하고 글을 쓰는 습관을 형성할 수 있도록 도와주자.

(4) 하루운동

뇌의 발달만큼 중요한 것이 신체의 발달이다. 아이들에게 있어 운동의 중요성은 아무리 강조해도 지나침이 없다. 아이가 관심 있어 하는 운동이 있다면 그것부터 먼저 배우게 하자. 만약 시간적 여력이 안 된다면 엄마·아빠와 함께 생활 속에서 규칙적으로 운동을 해보자. 틈새운동이라도 꾸준히 하는 습관을 통해 다져진 체력은 아이에게 그 무엇과도 바꿀 수 없는 훌륭한 자산이 될 것이다.

(5) 내 방 정돈

물건 정리를 잘하는 아이가 성공한다. 매일 아침 일어나 이불개기를 비롯해 매일 10분 정도의 시간을 내어 자기 방과 물건을 정리하는 습관을 만들어 주자. 내 방 정돈습관은 단순히 정리정돈에서 그치는 것이 아니라 아이의 학습습관과 다른 핵심습관에도 영향을 줄 수 있다.

(6) 일기쓰기(감사하기)

요즘은 아이들이 더 바쁘다. 아이들의 바쁜 하루에 숨 고를 시간을 주자. 바쁜 하루를 마무리하며 꾸준히 일기를 쓰게 하는 것이다. 자유롭게 일기를 쓰며 내면에 숨은 자아에 대해 탐색하기도 하고, 자유롭게 스스로의 감정을 적으며 마음의 안정감을 얻을 수 있다. 또한 일기쓰기를 통한 자존감과 자신감 향상은 매사에 적극적인 성격으로 변모시켜 자기 인생을 주체적으로 사는 아이로 변화시켜 줄 것이다.

(7) 생각정리하루습관 점검

하루습관의 점검은 데일리리포트와 습관점검표로 할 수 있다. 데일리리포트에 글쓰기나 독서의 내용을 작성하는 것은 책을 읽고 나서, 글쓰기 글감이 떠오를 때 등 아무 때나 해도 된다. 다만 일기쓰기와 하루습관점검표 작성은 하루를 마감하며 적는 것이 좋다. 이때 중요한 것은 매일 저녁 엄마가 간단하게라도 피드백을 적어주는 것과 적절한 보상을 통해 지속적인 동기부여를 해주는 것이다. 엄마와 아이의 꾸준한 대화를 통한 생각의 축적은 아이의 미래에 엄청난 영향력을 행사할 것이다.

6가지 하루습관을 66일간 실천한 2명 아이의 소감

처음에는 엄마의 권유로 시작하게 됐다. 생각정리하루습관이라는 말도 어려웠고 생각정리 원리와 도구도 어려웠지만 마인드맵으로 매일 배웠던 내용을 복습했다. 또 학원 다니느라 시간이 많지는 않았지만 매일 짧게라도 하루습관을 실천했다. 엄마의 꾸준한 관심이 66일이라는 시간을 지속하게 해주었다. 벌써 내년이면 중학교에 가는데 계속 실천한다면 생각정리도 공부도 재미있어질 것 같다.

권형우(신촌초, 6년)

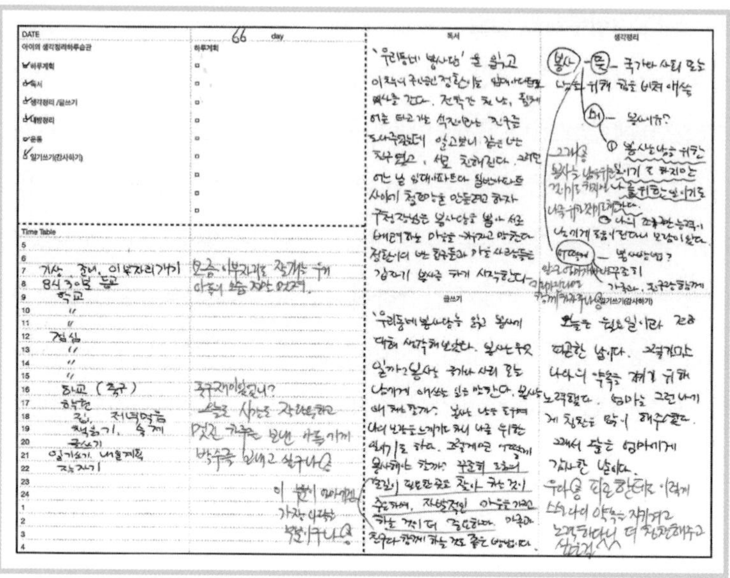

학교 수업시간에 마인드맵을 그려본 적은 있지만 만다라트나 3의 로직트리 같은 것은 처음 접해 보는데 쉽고 활용하기 좋은 것 같다. 오늘 하루 책 읽고 생각했던 것을 정리하고 글로 쓰는 것을 66일 동안 반복하니 내가 조금 달라진 것 같다. 동생이랑 함께 쓰고 있는데 동생과 하루 종일 못다한 대화를 나누는 시간이 되었다. 특히 아침에 일어나서 이부자리를 개는 습관은 매일 상쾌한 하루를 시작하는 느낌이 들어 좋았다. 앞으로 계속 잘 실천해 봐야겠다는 생각이 든다.

- 엄세빈(신산초, 5년)

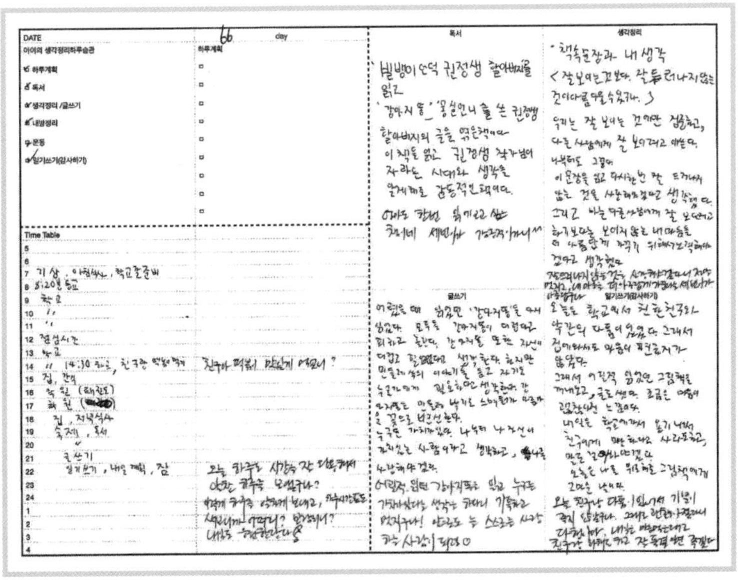

모든 아이의 꿈은 소중하다

어떤 엄마들은 아이에게 자기가 못다 이룬 본인의 꿈을 투영하기도 하고, 어떤 엄마들은 아이의 꿈에 부정적으로 반응하기도 한다.

"대통령이면 모를까 왜 가수가 되려고 그러니?"
"공부도 못하면서 네가 무슨 의사야."

아이는 엄마의 꿈을 이루는 도구가 아니며 아이에게는 무한한 가능성이 있음을 잊어선 안 된다. 물론 아이에게 더 큰 꿈을 가지게 독려하려고, 혹은 잔혹한 현실에 좌절할까 걱정된 엄마의 마음이 투영된 말일지도 모른다. 하지만 엄마의 한마디에 반짝반짝 했던 아이의 꿈은 빛을 잃어버리기도 한다. 모든 아이의 꿈은 소중하다. 비록 현실성 없는 허황된 꿈일지라도 꿈을 꾼다는 것 그 자체로 가치가 있다.

스스로 꿈을 만들다

아이 스스로 자신의 생각을 정리하는 습관이 정착되고, 자신만의 생각으로 낼 수 있는 목소리를 찾았다면 아이는 스스로 꿈을 설정하고, 그 목표를 향해 달려갈 수 있다. 엄마는 그 꿈의 레이스에서 든든한 아군이자 조력자가 되어야 한다.

생각정리스킬이라는 든든한 베이스캠프를 바탕으로 스스로 만든 꿈을 향해 달려가는 아이의 모습과 자신의 꿈을 향해 함께 달리는 엄마와 아이의 모습이야 말로 이 책에서 바라는 궁극의 모습이다. 모든 아이와 엄마의 노력과 꿈을 열렬히 응원한다.

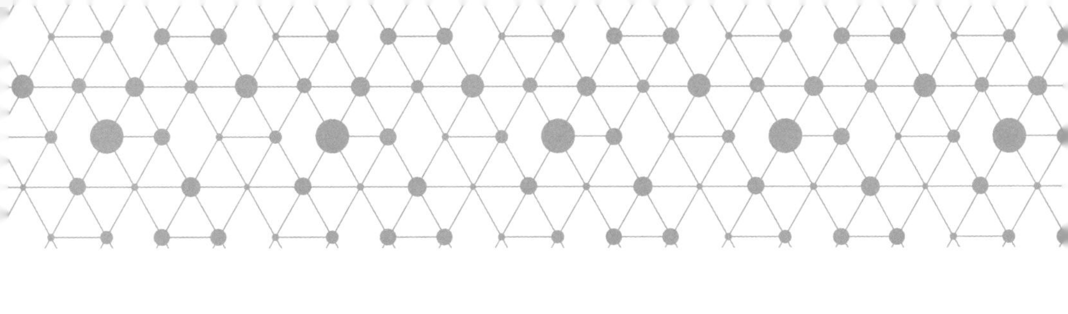

5장

생각정리스킬로 가정의 시스템을 만들다

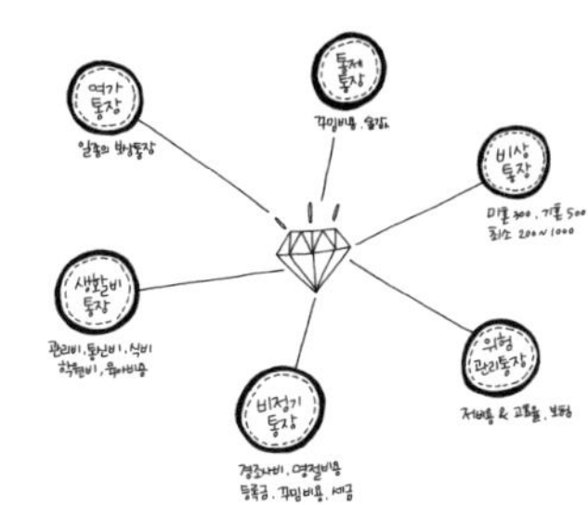

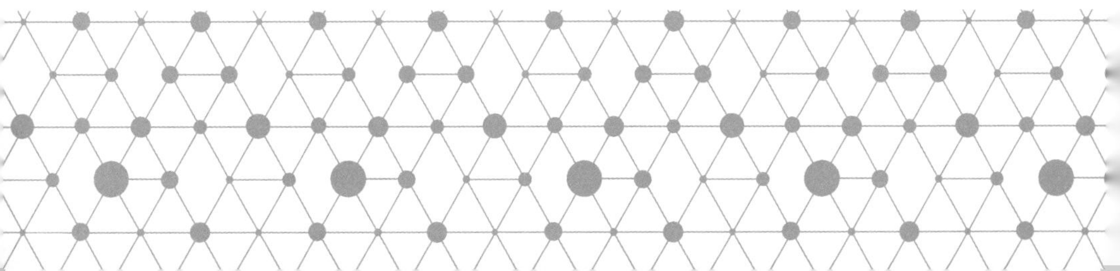

01

집안관리

생각정리스킬로 집안이 안락해진다

엄마들의 고민 중 가장 큰 고민을 차지하는 것은 무엇일까? 대구·충남대학교 연구진이 1,006명의 주부를 대상으로 한 연구에 따르면 주부들에게 가장 큰 스트레스 요인은 가사노동과 관련된 스트레스인 것으로 밝혀졌다. 많은 가정에서 벌어지고 있는 전투의 원인은 우리 가족이 앞으로 나아갈 방향은 무엇인지, 우리 가족이 중요하게 생각하는 가치관은 무엇인지 등 거대담론의 문제가 아니다. 남편이 양말을 뒤집어 벗었는지 안 벗었는지의 지극히 사소한 문제로부터 시작된다. 그렇다. 엄마들에게는 육아 다음으로 해도 해도 티도 안 나는 집안일, 정리한다고 정리해도 늘 그 모양 그 꼴인 집안일이 문제인 것이다.

집안정리에 앞서 생각정리부터!

우리가 생각하는 것만큼 집안 정리정돈은 어려운 걸까? 우리가 정리정돈을 잘하지 못하는 근본적인 원인은 바로 우리의 생각에 있지 않을까? 정리정돈을 못하는 사람들의 머릿속을 들여다 보자.

'정리정돈을 잘하는 사람은 따로 있다.'
'도대체 어디서부터 어떻게 시작해야 할지 모르겠다.'
'아이들 때문에 정리하고 뒤돌아서면 또 초토화될 텐데
굳이 사서 고생할 필요가 있나? 그냥 편하게 살자.'

이런 생각들이 우리가 정리정돈을 잘하지 못하게 만드는 주범이다. 그렇다면 먼저 정리정돈에 대한 우리의 생각을 바꾸는 게 급선무다. 우리가 살고 있는 집의 주인은 누구인가? 당연히 당신과 가족이라고 대답할 것이다. 하지만 아니다. 인정하기 어렵겠지만 물건이 주인인 집이 많다. 주객전도도 이런 주객전도가 없다. '저장강박증'을 앓고 있는 사람들의 이야기가 먼 나라 이웃 나라 사람들의 이야기가 아니다.

잃어버린 우리 집을 되찾기 위해서라도, 물건의 낭비를 막기 위해서라도, 한 철만 지나도 옷장에 입을 게 없다는 말을 달고 사는 당신을 위해서라도 정리정돈이 힘들다는 우리의 생각을 먼저 바꿀 필요가 있다. 집안이 어지럽거나 질서있게 정리정돈되어 있지 않으면 운과 돈이 새어나간다는 나름 근거있는 말도 있지 않은가!

너도 아닌 내 손길이 필요한 이유

생각은 얼추 바뀌었는데 아직 우리의 절친 귀차니즘과는 헤어지지 못하겠다. 정리는 해야겠고, 귀찮은데 정리수납 전문가의 손길을 빌려볼까라는 생각이 들 수 있다. 물론 비용을 내고 전문가의 도움을 받으면 효과적이다. 도움을 받은 사람 중에는 전문가가 코치해 준 방법에 따라 오래 잘 유지하는 사람도 있을 것이다. 하지만 대부분의 경우는 일회성 이벤트에 그치거나 나만의 정리정돈 방법으로 만들지 못한다. 어떤 것이든 내 손으로 직접 하지 않으면 흉내는 낼 수 있지만 꾸준히 잘하기를 기대하는 것은 어렵기 때문이다.

따라서 우리집에 있는 물건을 정확히 파악하고 오래 유지하는 정리정돈 시스템을 만들기 위해서는 다른 사람의 손길이 아닌 내 손길이 절실히 필요하다. 그래야 내 물건과 집에 대한 애정 또한 뿜뿜 샘솟지 않겠는가.

각은 군대에서만 잡는 게 아니다

정리정돈은 '각'에 시작해 '각'으로 끝난다. 생각정리 도구와 원리를 이용하여 '정리각정리정돈시스템'을 만들어 보자. 처음이 어렵지 한두 번만 노력하면 가족 모두가 자발적으로 참여할 수 있는 강력한 유지시스템이 만들어질 것이다.

우선 공간별 정리 아이템을 생각정리 도구인 만다라트를 이용해 정리해 보자. 정리할 순서에 따라 번호도 매기고, 내친 김에 담당자도 빼도 박도 못하게 정하고 적어보자. 그림으로 생생하게 그릴 수 있을 정도로 시각화를 통해 미리 정리를 해보는 시뮬레이션 과정은 정리의 체계와 순서를 잡아주기 때문에 실제로 정리정돈을 할 때 능수능란하게 정리할 수 있는 힘을 발휘할 수 있게 해준다.

〈한 장으로 정리하는 정리각정리정돈시스템〉

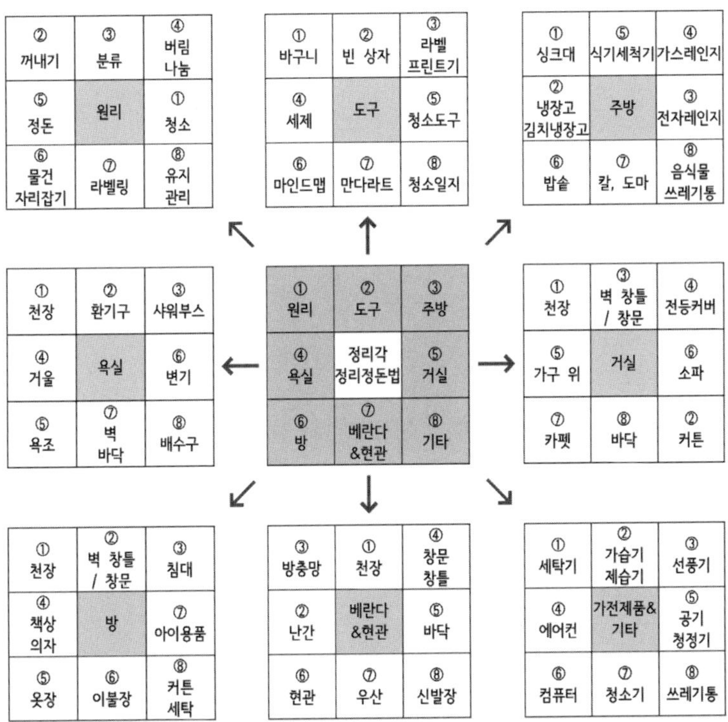

(1) 만다라트로 그리는 정리각정리정돈시스템

만다라트에 주방, 욕실, 거실, 안방, 아이방, 서재, 베란다/현관, 기타 공간 안의 세부 물품들을 정리해 보면 구체적으로 큰 틀이 잡힌다. 또한 우리집에 있는 물건들을 속속들이 파악할 수 있고, 중복구매를 방지해 새는 돈을 막을 수 있다.

전체의 그림이 그려졌다면 이제 본격적으로 정리정돈할 시간이다. 정리각정리정돈시스템을 만들기 위해서는 분류 → 정돈 → 유지의 과정을 거친다.

① 분류의 기준은 지금, 현재, 나와 우리 가족에게 필요한 것과 필요 없는 것으로 나눈다. 필요한 것은 '용도별' '가족별' '빈도별'로 분류한다. 필요 없는 것은 버리거나 나눈다. 버리는 것에 너무 강박관념을 가질 필요는 없다. 일단 어떤 물건이 있는지 파악하기 위해서다.

② 다음은 정돈이다. 정돈은 각자 물건에 맞는 자리를 찾아주는 것이 핵심이다. '동선'과 '목적' '수납방법'을 고려하여 '수납도구'로 정리해 물건의 자리를 찾고 각을 잡아준다. 이때 포인트는 자잘한 물건과 자리 모두에 라벨링을 하는 것이다. 물건의 자리를 명확히 하기 위해서이기도 하고, 아이의 정리정돈 습관을 길러주는 데도 라벨링이 필수다. 워킹맘의 경우에는 양가 부모님이나 돌보미 선생님께 일일이 물건의 위치를 설명하는 수고를 덜 수 있다.

③ 분류하고 정돈한 물건을 오래 유지하는 정리정돈시스템을 만들기 위해서는 가족 각자가 담당할 구역을 지정해 하루 10분씩 꾸준하게 관리하는 것이 중요하다.

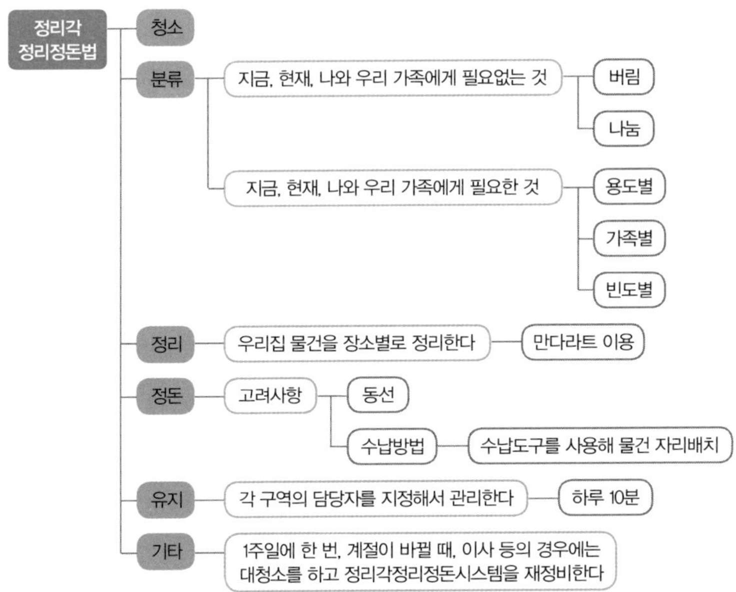

(2) 냉장고 정리와 냉장고 파먹기 레시피 활용하기

만다라트로 우리집 냉장고의 식재료와 음식을 정리하면 중복구매를 방지해 낭비를 막을 수 있다. 또 냉장고 파먹기를 목표로 하는 엄마들의 경우에는 알마인드로 냉장고 속 재료들을 가지고 할 수 있는 요리레시피를 정리해 냉장고 문에 붙여두고, 하나씩 요리해 먹으면 쉽게 포기하기 일쑤였던 '냉장고 파먹기'라는 목표 달성도 그리 어려운 일은 아닐 것이다.

〈한 장으로 정리하는 우리집 냉장고〉

불고기 코다리조림	추석나물	김치	호박	당근	양파	포도	사과	배
더덕구이	냉장실 반찬	전류	오이	냉장실 채소	고추	복숭아	냉장실 과일	사과 주스
깻잎 짱아찌	마른반찬	고추조림	밤	대추	배추	생수	어린이 주스	
우동	김치찌개	된장찌개	냉장실 반찬	냉장실 채소	냉장실 과일	장류	매실 액기스	감식초
치즈	냉장실 가공식품	우유	냉장실 가공식품	우리집 냉장고	냉장실 양념류	굴소스	냉장실 양념류	돈까스 소스
아이약	아이간식		냉동실 육류	냉동실 조리식품	냉동실 기타	케첩	참기름	식초
돼지고기	닭고기	소고기	곰탕	육수	새우	떡	미숫가루	양념류
조기	냉동실 육류	고등어	날치알	냉동실 조리식품		대추	냉동실 기타	생강
삼치	병어					고추	파	도라지

〈냉장고 파먹기 레시피 예시〉

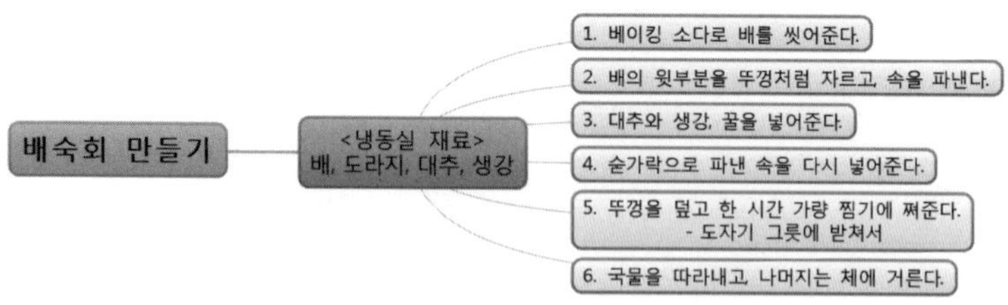

정리각정리정돈시스템의 위력

집안의 상태는 내 머릿속의 상태와 마음의 상태를 반영하는 바로미터다. 나 또한 아이를 낳고, 머릿속의 복잡한 생각과 극심한 우울증으로 인한 심란한 마음 때문에 집안 정리도 늘 엉망이었다. 또 집안을 휘젓고 다니는 아이와 나의 모습에서 2차 스트레스를 받았다. 그러다 정 견디기 힘들 때면 집안을 정리하며 조금씩 문제해결의 실마리를 찾아갔다. 하지만 늘 얼마 못가고 그때뿐이었다.

도무지 해결이 되지 않는 집안 정리에 대한 고민을 해결하고 싶어 무수히 많은 관련 책을 읽고 강의를 들었지만 늘 2%가 부족하다는 생각이 들었다. 그러다 '생각정리스킬'을 만나면서 집안 정리에 대한 고민은 눈녹듯 사라졌다. 이 책을 구상하며 가장 먼저 한 일도 생각정리 도구를 활용해 정리각정리정돈시스템을 만들며, 실제로 적용해 본 것이다.

생각정리스킬과 정리정돈스킬의 만남으로 정리된 안락한 공간의 집은 새로운 생각과 영감 그리고 창조의 공간으로 변신할 수 있다. 그러니 마음먹은 지금 당장 정리하고 싶은 작은 공간부터 정리해 보는 것은 어떨까?

02

재무관리

생각정리스킬로 돈관리가 쉬워진다

부천에 사는 이재은 씨(30)와 남편 김태훈(35) 씨는 사내 커플로 작년 3월 부부가 되었다. 올해 초엔 아들도 태어나 세 식구가 되었다. 부부는 아직도 각자 통장을 관리하고 있는데 막상 합치려니 어떻게 해야 할지 방법을 모르겠다. 지금은 그냥 아이 키우는 것도 힘든데 돈 때문에 스트레스 받기 싫고, 복잡하게 생각하기 싫어 편한 대로 각자 관리하고 있다.

내년 1월이면 이재은 씨의 육아휴직기간이 끝난다. 부부는 아이 육아를 위해 이재은 씨가 퇴사를 하는 쪽으로 결정했다. 지금이야 괜찮지만 맞벌이에서 외벌이로 전환되면 어떻게 돈을 관리해야 할지 고민이다. 특히 지금 이대로 유지하면 마이너스 인생은 불 보듯 뻔하니 한숨이 절로 나온다. 게다가 매월 50만원이 넘게 나가는 보험이 문제다. 이 친구 저 친구의 강요에 못 이겨 가입을 하긴 했는데 빠듯한 형편에

비해 너무 과도한 금액이 아닌가라는 생각이 들고, 보험증권을 봐도 도대체 무슨 내용인지 모르겠다.

우선 우리집 재무상황을 '정리'하라

필자가 희망재무설계에서 근무할 당시 재무설계 컨설팅을 하며 돈 때문에 고민인 미혼남녀부터 신혼부부, 전문직 종사자 등 500명 이상의 고객을 직접 만나 상담을 했다. 그들에게는 대부분 공통점이 있었다. 항상 돈 때문에 고민이라는 말을 입에 달고 살지만 정작 얼마를 벌고 쓰는지, 또 재무목표를 세우고 저축하는 것에는 도무지 관심이 없었다.

그렇다면 돈에 대한 고민을 해결하기 위해 어떻게 해야 할까?

(1) 월급을 정리하라

월급은 매월 정기적으로 들어오는 월급과 비정기적으로 들어오는 인센티브·명절비용 등의 상여금이 있다. 이때 상여금 총액을 12로 나누면 비정기월급이 된다. 그리고 정기월급과 비정기월급을 더한 월급이 진짜 월급이다. 월급을 이렇게 정리하는 이유는 비정기월급은 공돈이라고 생각하여 가전제품을 덜컥 구입한다거나 굳이 사지 않아도 되는 물건들을 구매하는 지름신 강림을 사전에 차단하기 위함이다.

여기서 의문이 있을 수 있다. 비정기월급까지 감안하여 평균월급을 책정해 재무관리계획을 짜면 모자라는 달은 어떻게 관리하냐는 것이다. 그런 상황을 대비해 비상예비자금통장을 만들어 모자라는 달에는 비상통장에서 빌려 쓰고, 비정기월급이 들어온 달에는 비상통장에서 빌린 돈을 갚는 시스템으로 운영한다. 첫 번째 관문인 월급 파악은 끝났다.

(2) 현금흐름을 정리하라

유식한 말로 현금흐름이지 매월 우리가 벌고(앞에서 파악한 월급) 쓰는 돈의 흐름을 말한다. 많은 분들의 현금흐름을 정리하다 보면 그분들의 상황은 한결같이 똑같았다. 일단 가계부를 쓰지 않고, 신용카드로 소비를 하니 얼마를 쓰는지, 어디에 쓰는지조차 모르는 분들이 대부분이었다. 현금흐름을 정리하고 나면 우선 얼마를 어디에 쓰는지 파악한 것 자체만으로도 속이 후련하다는 분들이 많았다.

현금흐름을 함께 정리한 후에는 드디어 결전의 시간이다. 항목마다 앞으로 쓸 예산을 정해본다. 현재보다 줄일 수 없으면 동일한 금액으로, 줄일 수 있으면 조금씩 줄여보는 방법으로 예산을 정한다. 줄인 예산의 금액만큼 추가 저축이 가능해져 저축통장의 배를 불리게 되고 자산이 늘어난다. 두 번째 관문인 소비지출 파악이 끝났다.

(3) 자산현황을 정리하라

이제 자산을 정리할 차례다. 참고로 자산에 실비보험·암보험·종신보험 등의 보장성 보험은 포함되지 않는다. 연금이나 저축보험 등의 저축성 보험만 자산이다. 입출금통장부터 정기적금, 정기예금, 적립식펀드, 거치식펀드. 연금보험, 저축성보험 등의 금융상품을 정리해

보자.

다음은 부동산이다. 전세면 전세보증금 금액과 전세 만기날짜를 적는다. 자가면 현재 시가 등을 정리한다. 그 외 현금과 금 등 돈이 되는 것은 전부 정리해 본다.

자산을 정리했으면 부채 내역을 정리해 본다. 부채의 종류(마이너스통장, 주택담보대출 등), 금융회사, 원금, 잔액, 금리, 월상환원리금의 내역을 정리한다. 자산에서 부채를 뺀 금액이 순자산이다.

(4) 보장성 보험을 정리하라

보장성 보험의 이름을 보험증권을 보고 토시 하나 빠뜨리지 말고 적는다. 보장기간(예 : 100세 만기), 납입금액, 납입기간(예 : 20년 납), 계약자(돈 내는 사람), 피보험자(보험의 대상이 되는 사람)의 이름을 적는다. 가족 구성원별로 몇 건의 보험과 매월 얼마의 보험료를 내고 있고, 가족의 총보험료는 얼마인지 파악한다.

증권을 봐도 무슨 말인지 모르겠고, 내용이 궁금하다면 믿을만한 은행원이나 보험 관련 일을 하시는 분에게 증권내용을 분석해 달라고 하는 것도 좋은 방법이다. 단, 이때 보험을 해약하고 다른 보험으로 갈아타라고 하는 설계사들이 종종 있는데, 이 경우 무조건 해약하고 다른 보험으로 갈아타서는 안 된다. 보험에 대한 의사결정은 10~20년 이상의 긴 시간 동안 매월 큰 돈이 들어가는 결정이기 때문에 신중하게 가입하고 해약해야 하니 여러 전문가의 의견을 들을 필요가 있다.

6개의 통장으로 돈 관리는 끝!

(1) 비상통장

재무관리에서 기본이 탄탄히 구축되어 있지 않으면 아무리 돈이 많아도 말짱도루묵이다. 재무관리에서의 기본은 비상통장과 리스크 관리다. 자동차의 왼쪽 바퀴와 오른쪽 바퀴의 역할과 유사하다고 볼 수 있다. 비상통장은 미혼의 경우에는 300만원, 기혼의 경우에는 500만원의 금액이면 적절하다. 매월 들어가는 돈이 많거나 각자, 각 가정의 상황을 고려해 최소 200만원에서 최대 1,000만원 정도면 비상예비자금은 충분히 확보된다.

(2) 위험관리통장

위험관리통장은 보험이다. 매월 많은 돈을 저축하거나 자산이 많다고 해도 치료비·간병비가 많이 들고 치료기간이 긴 중대질병의 병원비 앞에서는 이길 장사가 없다는 점을 명심하자. 보험은 우리집 재무관리시스템에 빠져서는 안 되는 중요한 토대다. 보험이라면 질색하는 분도 있고, 보험을 과도하게 좋아하는 분들도 있다. 우리집의 소비지출에서 큰 비용을 차지하는 리스크 관리는 철저히 저비용·고효율의 보장책을 마련해야 한다.

(3) 비정기통장

현금흐름 파악에서 예산으로 책정한 비정기지출을 관리하기 위한 통장이다. 매월 정기적으로 쓰지는 않지만 경조사비, 명절비용, 대학·

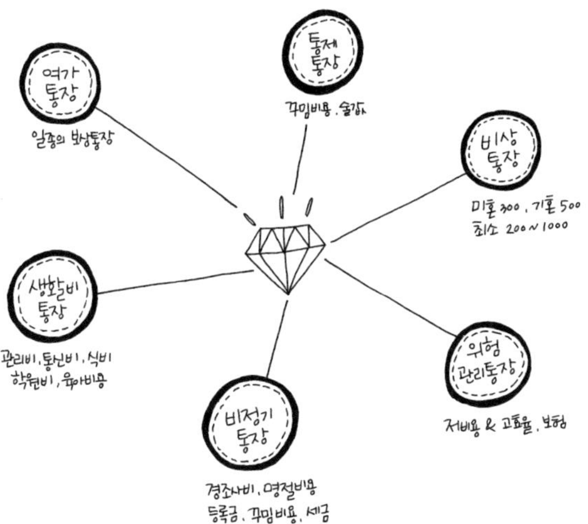

대학원 등록금, 꾸밈비용, 세금 등의 비용을 꼼꼼하게 따져서 모두 더한 다음 12로 나누어 매월 생활비통장에서 비정기통장으로 보내 비정기자금을 확보한다.

(4) 생활비통장

매월 정기적으로 쓰는 관리비, 통신비, 식비, 학원비, 육아비용 등의 항목과 비정기통장·여가통장·통제통장으로 빠져나가는 통장이다. 매월 들어가는 저축금액 또한 이 통장에서 자동이체를 걸어둔다. 생활비통장의 예산 내에서 매월 쓰는 습관을 들여야 돈을 잘 모을 수 있다.

(5) 여가통장

매월 열심히 일하고, 허리띠 졸라매며 돈을 모은 당신에게 자유를 허하라. 매월 원하는 금액을 산정하여 여가통장에 모았다가 개인이나 가족의 여가나 여행을 위해 쓰는 일종의 보상통장이다. 보상이 있어야 돈도 더 잘 모을 수 있는 법이다. 이 통장 하나만으로도 뿌듯해 하는 분들을 많이 봤다.

(6) 통제통장

통제통장은 나의 지출 중에서 이것만큼은 이유 여하를 불문하고 줄여야 돈을 모을 수 있는 통장이다. 여성들의 경우에는 지름신이 많이 강림하는 항목은 아무래도 옷이나 신발, 헤어 등의 꾸밈비용이다. 남성들의 경우에는 인생사 한잔 술이라며 빈번히 마시는 술값이다. 통제통장의 역할이 제 역할을 해야 저축통장의 배를 불릴 수 있다.

6개의 통장까지 만들었으면 우리집 재무관리시스템의 90%가 완성되었다. 여기서 중요한 점은 부부 각자 돈을 관리하는 것은 추천하지 않는다. 돈관리는 우리집 재무부장관에게 맡기고, 한 명은 용돈을 받아 생활하고, 남는 돈은 생활비통장으로 보낸다. 재무관리 도구와 6개의 통장으로 탄탄하게 정리된 우리집 재무관리시스템의 나머지 10%를 장식할 마지막 화룡점정의 과정이 남아있다.

만다라트로 그리는 우리집 재무목표

그럼, 만다라트로 우리집 재무목표를 이루기 위한 방법을 정리해 보자. 이것을 꿈지도 옆에 붙여 두고 자주 보면서 큰소리로 읽어보자!

가정경영은 재무관리가 핵심이다. 집안이 아무리 말끔하게 정돈

〈한 장으로 정리하는 우리집 재무목표〉

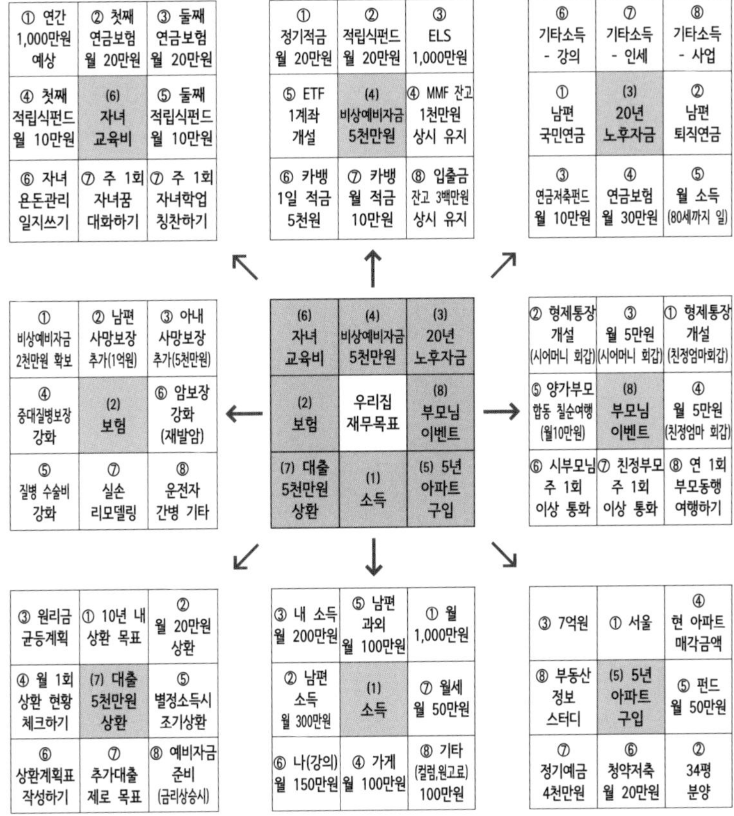

되어 있어도 가계를 책임지는 재무관리가 체계적으로 정리되어 있지 않으면 파산에 이를 수 있다. 생각정리 도구가 재무관리 도구로 변형·적용되면서 우리집의 복잡한 재무상황이 일목요연하게 정리될 수 있는 회계관리시스템으로 변신한다. 엄마의 생각정리스킬을 가정 재무관리시스템에 접목한다면 보다 분명한 재무목표 달성을 위한 가정경영시스템의 주춧돌을 마련할 수 있을 것이다.

03

일상관리

생각정리스킬로 일상이 비상해진다

새벽 1시 취침 / 새벽 5시 강제 기상 / 둘째 분유 먹이기 / 잠깐 눈 붙이고 강제 재기상 / 첫째 밥 먹이고 씻기고 옷 입혀서 9시까지 유치원 보내기 / 9시부터 둘째 이유식 만들어 먹이고 분유 먹이고 재우기 / 침구 정리, 빨래하기, 빨래 개기 / 거실 정리, 청소기 돌리기 / 화장실 청소 후 샤워 / 설거지하기, 젖병 삶기 / 둘째와 놀기 / 둘째 목욕 후 점심 분유 / 둘째 외출 준비 후 1시간 거리 문화센터 가기 / 4시 첫째 하원 / 놀이터에서 1시간 놀기 / 첫째 방문 미술수업 / 첫째 수업 방해 안 되게 하려고 둘째 감금(?)시켜 놀아주기 / 5시 40분 첫째 목욕 / 6시 첫째 저녁 주기 / 둘째 이유식 주기 / 설거지하기 / 첫째, 둘째 그림책 읽어주기 / 9시 두 아이 재우기 / 9시 30분 육퇴(육아퇴근) / 10시 여름 옷 정리, 가을 옷 정리 / 인터넷으로 필요한 물품 사기 / 인터넷으로 자격증 공부하기 / 새벽 1시 취침

두 아이를 키우는 아이 엄마의 숨 쉴 틈 없는 하루 일정이다. 칙센트미하이는 "여자들은 한순간도 자신의 외부세계와 내부세계를 온전히 경험하지 못하며, 현실에 충실한 삶을 살기가 굉장히 어렵다."고 말했다. 엄마의 '지금'을 온전히 경험하기 위해서는 '생각줄'을 붙잡고 있어야 한다. 즉, 엄마의 생각이 늘 깨어있고 정리되어 있어야 한다.

엄마의 일상에 생각을 더하다

엄마의 일상도 생각정리 도구로 유용하게 정리할 수 있다. 엄마들이 많이 고민하는 내용을 예로 들어보자. 아이를 낳고 가장 어렵고 궁금했던 점이 수유시간이었다. 생후 1년까지의 수유량도 알마인드로 깔끔하게 정리해서 활용할 수 있다.

아이돌보미 선생님의 관리 매뉴얼을 만들 때도 알마인드로 정리해 가족 밴드에 올려 놓으면 돌보미 선생님이 바뀌는 경우에도 일일이

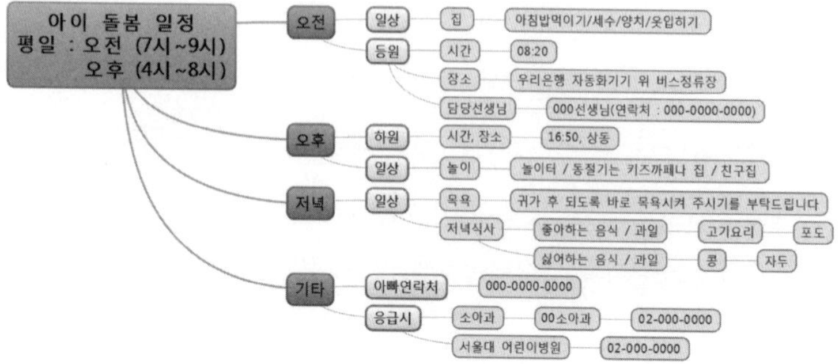

설명하는 수고를 덜 수 있다. 또 엄마의 꿀같은 육아휴가시 아빠에게 육아 바통을 넘길 때도 유용하다.

또 하나는 많은 엄마들이 돌잔치 이후 최고의 이벤트라 칭하는 생일파티다. 기관에서 단체로 하지 않는 경우에는 개별적으로 생일파티를 준비해 주어야 한다. 특히 초등 저학년일수록 생일파티에 의미를 크게 부여하는 학부모가 많은데 우리 아이의 생일파티 계획은 만다라트로 세워볼 수 있다.

외부로부터 힘이 작용하지 않는 한 모든 물체는 자신의 상태를 그대로 유지하려는 성질을 가진다. 이를 '관성의 법칙'이라고 하는데, 멈추어 있는 물체는 계속 멈추어 있으려 하고, 움직이던 물체는 현재의 속도를 유지하려는 현상이다. 엄마의 일상에 생각을 더하지 않으면 사는대로 생각하게 된다. 생각을 하며 살기 위해서는 일상에 생각을 더하는 것이 그 첫걸음이 될 수 있다. 일상에 생각을 더할 때 그 생각이 또 다른 생각을 불러올 수 있다.

〈한 장으로 정리하는 우리 아이 생일파티 준비〉

승유	시아	아밀
하린	초대할 친구 (9명)	시윤 아윤
연호	건묵	대훈

풍선	가랜드 -다이소	일회용 접시
수저 포크	준비물품	컵 빨대
테이블보	냅킨	젓가락

케익	피자 치킨	떡볶이
김밥	음식	샌드위치 /빵
과자 음료수	튀김	과일

집	a 키즈카페	b 키즈카페
c 키즈카페	장소	d 키즈카페
보드게임 카페	축구교실	

초대할 친구	준비물품	음식
장소	생일파티 준비	남자친구 답례품
여자친구 답례품	엄마 음식	보드게임

양말	수첩	과자세트
필기구 세트	남자친구 답례품	색연필
스케치북		

양말	수첩	과자 세트
필기구 세트	여자친구 답례품	색연필
스케치북	머리핀	머리끈

탕수육	족발	피자
치킨	엄마 음식	떡볶이
김밥	튀김	음료 주류

트랜스포머 원카드	로보77	할리갈리 컵스
루미큐브	보드게임	우노
폭탄게임		

04

목표관리

생각정리스킬로 가족의 꿈을 관리한다

취업포털 '잡코리아'에서 남녀 직장인 1,144명을 대상으로 '직장인이 꼭 해야 할 것'이라는 주제로 설문조사를 실시했다. 조사 결과 '10년 후 계획 세우기'가 71.8%를 기록하며 압도적 1위를 차지했다. 또한 '가족을 위해 시간 내기'가 두 번째인 46.9%의 응답률을 차지했다. 직장인의 절반 가량이 가족과 많은 시간을 보내지 못하는 것을 아쉬워하고 있다는 것을 보여주는 결과다.

만다라트로 그리는 우리 가족의 꿈

우리가 살아갈 시간은 한정되어 있다. 따라서 가족과 보내는 시간 또한 무한정 주어지는 것이 아니다. 나만의 목표에 대한 계획도 중요하

〈한 장으로 정리하는 우리 가족의 꿈〉

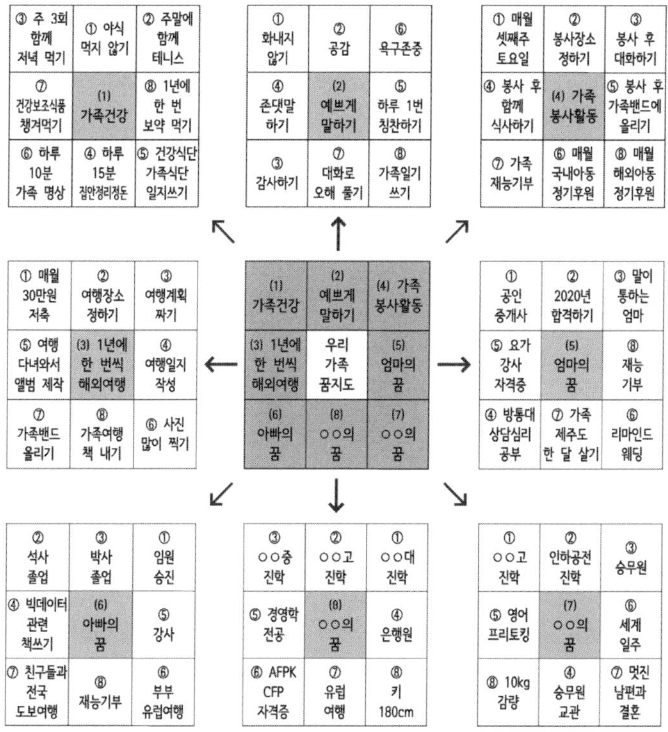

지만 우리 가족 모두가 함께 계획하는 목표 또한 중요하다. 이때 우리 가족이 꿈꾸는 목표는 만다라트로 그려볼 수 있다.

버킷리스트로 작성하는 우리 가족의 목표

모든 조직에는 달성해야 할 목표가 있듯이 가정도 마찬가지다. 우리 가족을 하나로 똘똘 뭉치게 만들고, 피곤하고 지친 일상에 설렘과 기대를 더해 줄 버킷리스트를 작성해 보자.

버킷리스트를 작성할 때는 목표를 세우는 데 의의가 있는 것이 아니라 어떻게 하면 달성할 수 있을 것인지에 대해 가족 모두가 한마음으로 논의하고 구체적으로 적어볼 때 비로소 그 의미와 가치가 빛나게 된다.

버킷리스트를 작성하기에 앞서 가장 중요한 것은 버킷리스트 작성을 어렵게 생각하지 말라는 것이다. 지금 당장 하고 싶은 일, 1년 안에 하고 싶은 일, 죽기 전에 하고 싶은 일 등을 자유롭게 적어보자.

(1) 버킷리스트의 내용을 작성하라

시작이 반이 아니고 시작이 전부다. 너무 거창한 목표가 아니어도 좋다. 구체적이고 실현가능한 목표를 적어보자.

우선순위	작성일	내용	달성기한	달성일	달성 여부
	1/1	미국으로 가족여행가기	2년 이내		
	3/5	할머니 칠순 여행 보내드리기	8개월 이내		
	4/18	가족 봉사활동하기	2개월 이내		

(2) 우선순위를 정하라

우선순위를 정하는 기준은 우리 가족이 가장 중요하게 여기는 순서, 좋아하는 순서 등의 기준으로 정해본다. 우선순위를 정하면서 우리 가족이 중요하게 여기는 가치, 좋아하는 것을 알게 되며 서로를 이해하는 폭이 넓어질 것이다.

우선순위	작성일	내용	달성기한	달성일	달성 여부
3	1/1	미국으로 가족여행가기	2년 이내		
2	3/5	할머니 칠순 여행 보내드리기	8개월 이내		
1	4/18	가족 봉사활동하기	2개월 이내		

(3) 버킷리스트를 실천하고, 실행 여부를 점검하라

버킷리스트를 달성하기 위해 해야 할 일을 구체적으로 작성해 보자.

우선순위	작성일	내용	달성기한	달성일	달성 여부
	1/1	미국으로 가족여행가기	2년 이내		
	3/5	할머니 칠순 여행 보내드리기	8개월 이내		
	4/18	가족 봉사활동하기	2개월 이내	6/6	달성

[우리 가족의 버킷리스트를 달성하기 위해 해야 할 일]

버킷리스트 내용 : 미국으로 가족 여행가기	
최초작성일 : 1/1	달성기한 : 2년 이내
1. 총비용은? 그 돈을 어떻게 마련할까? 2. 준비해야 할 것은? 3. 왜 미국으로 가고 싶은가? 4. 여행을 준비하면서 참고할 책이나 여행경로를 어떻게 짤 것인가? 5. 그 외에 준비해야 할 사항에 대해 적어보자.	

우리 가족 모두가 함께 꾸는 꿈을 만다라트와 버킷리스트에 작성해 보았다. 함께 버킷리스트를 작성하면서 자연스럽게 대화를 나누다 보면 가족 간의 사이가 더 돈독해지고 소속감은 더욱 커질 것이다.

가족밴드

생각정리스킬로 가족이 뭉친다

초등학교 선생님들의 학급관리는 대부분 밴드로 관리한다. 우리 가족의 모든 관리 또한 가족밴드를 만들어 운영하는 것을 추천한다.

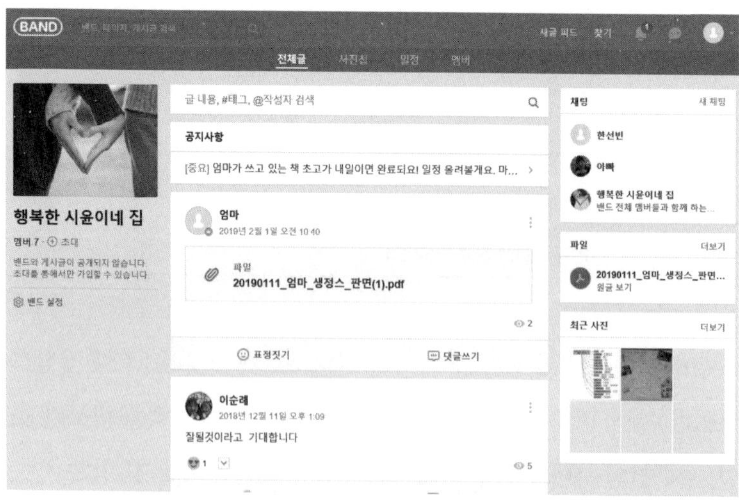

우리집 밴드 활용스킬

네이버 밴드를 잘 활용하면 돌보미 선생님과의 소통이 편해지고, 가족과의 커뮤니케이션도 활발해진다. 또한 서로에 대해 더욱 잘 알게 되고, 가정의 대소사에 관심을 가지고 참여의식을 높일 수 있다.

네이버 밴드는 모바일과 PC에서도 활용할 수 있어 편리하다. 구체적인 활용스킬은 다음과 같다.

- **일정관리** : 일정관리의 경우에는 일정관리 탭을 클릭한 후 일정 제목과 세부사항을 입력한다. 중요 일정의 경우에는 알림 기능과 반복등록 기능도 사용할 수 있다.
- **To-Do 리스트 만들기** : 오늘 꼭 해야 할 일이나 집안의 생활용품 재고를 확인하여 추가 구입시 활용하면 좋다. 새로운 소식 남기기 란에 들어가 하단의 'To-Do' 아이콘을 클릭한 후 작성하고, 완료된 내용은 왼쪽에 체크 표시를 하면 줄이 그어지고 완료됐다는 표시가 나타난다.
- **투표하기** : 투표하기 기능은 가족들의 의견을 수렴할 때 활용해 보자. 새로운 소식 남기기 란에 들어가 하단의 '투표하기' 아이콘을 클릭한 후 투표를 진행한다.
- **해시태그 기능 활용하기** : 가족들이 글 작성을 할 때 글 하단에 자주 사용하는 해시태그를 걸어두면 해시태그만으로도 검색이 용이하다.
- **공지기능 활용하기** : 중요한 글을 작성 후 오른쪽 상단의 글쓰기 설정 탭을 클릭하여 '공지글로 등록하기'를 설정하면 공지글로

등록된다.

- **채팅기능 활용하기** : 요즘은 가족과 돌보미 선생님과의 채팅도 카카오톡을 많이 사용하는 추세라 많이 활용하는 기능은 아니지만 채팅기능이 있다는 것도 알아두면 좋다.

가정경영의 신의 한 수, 가족밴드

가정경영의 신의 한 수는 가족밴드를 활용하는 것이다. 생각정리스킬로 정리한 모든 자료부터 시작해 사진이나 동영상 자료까지 모두 공유하도록 하자. 네이버 밴드는 운영이 쉽고 간단하며, 자료의 저장·검색·수정이 편하다. 공들여서 생각정리 도구로 정리한 엄마와 아이, 가족 모두의 자료부터 파일, 사진, 동영상 자료를 손쉽게 올려 보자.

가족밴드는 가족 구성원을 하나로 뭉치게 만드는 본드다. 일상에서 일어나는 다양한 일들을 공유하고 소통할 수 있는 장이 되기도 하며 가족 구성원들의 결속력 강화제이기도 하다. 서로 알리고 공유하며 공감하는 가운데 가족들의 유대관계 또한 더욱 공고해진다.

지금 바로 네이버 밴드부터 가입하고, 차근차근 관리해 보자.

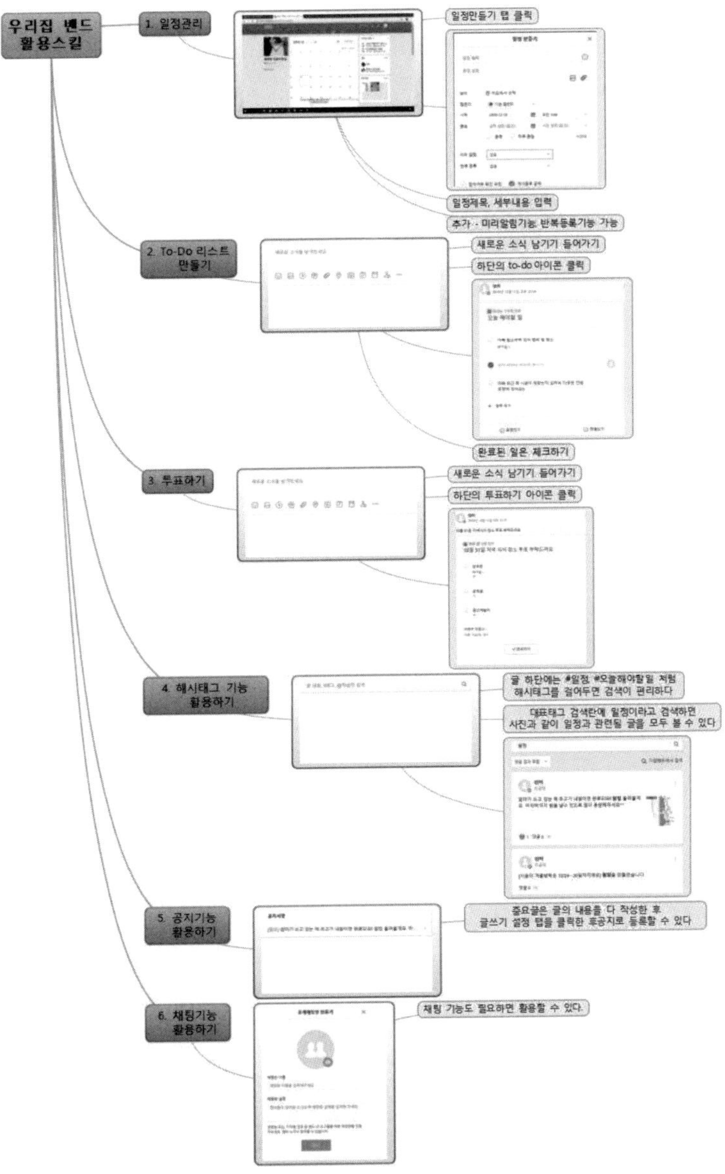
우리집 밴드 활용스킬
1. 일정관리
일정만들기 탭 클릭
일정제목, 세부내용 입력
추가 - 미리알림기능, 반복등록기능 가능
2. To-Do 리스트 만들기
새로운 소식 남기기 들어가기
하단의 to-do 아이콘 클릭
완료된 일은 체크하기
3. 투표하기
새로운 소식 남기기 들어가기
하단의 투표하기 아이콘 클릭
4. 해시태그 기능 활용하기
글 하단에는 #일정, #오늘해야할일 처럼 해시태그를 걸어두면 검색이 편리하다
대표태그 검색란에 일정이라고 검색하면 사진과 같이 일정과 관련된 글을 모두 볼 수 있다
5. 공지기능 활용하기
중요글은 글의 내용을 다 작성한 후 글쓰기 설정 탭을 클릭한 후공지로 등록할 수 있다
6. 채팅기능 활용하기
채팅 기능도 필요하면 활용할 수 있다.

이제 엄마는 생각을 정리해야 합니다

언젠가는 작가가 되고 싶었습니다. 글을 잘 쓰고 싶었고, 멋있어 보이고 싶다는 단순한 이유 때문이었습니다.

언젠가는 강사가 되고 싶었습니다. 말을 잘하고 싶었고, 멋있어 보이고 싶은 또 다른 단순한 이유 때문이었습니다.

하지만 꿈을 꾸기도 전에 '어쩌다 엄마'가 되었습니다. 딸에게 다정하고 사랑이 많은 엄마이고 싶었지만 그보다 나만의 콘텐츠를 가지고 세상에 선한 영향력을 끼치는 멋진 인생 선배의 모습을 보여주고 싶은 마음이 더 굴뚝 같았습니다. 그런데 막상 해놓은 것은 없고, 독박육아와 가사쓰나미에 시달리며 시간은 항상 부족했고, 마음은 늘 급했습니다. 그런 제가 현실에서 할 수 있는 것이라곤 잠을 줄이고 불필요한 모임을 줄이며, 아이와 함께하는 시간과 나의 꿈에 투자하는 시간을 늘리는 것뿐이었습니다.

그렇게 저는 외롭고도 힘들지만 꿈꾸는 엄마의 삶을 택했습니다. 꿈을 이루기 위해 정처없이 방황하고 헤매고 넘어졌던 시간도 있었습니다. 하지만 아파할 새도 없었습니다. 저는 꿈꾸는 엄마였으니까요.

누군가의 꿈을 이룬 '결과론'적인 이야기보다는 꿈을 이루는 '방법론'적인 이야기가 듣고 싶었습니다. 기초부터 차근차근 어떻게 하면 내 꿈을 찾고 이룰 수 있는지에 대해 알고 싶었습니다. 그 방법을 찾아 수많은 책을 읽고 강의를 들으며 찾아 헤맸지만 남의 이야기라 여겨져 와닿지 않았고 실천이 어려웠습니다. 어떤 날은 너무도 힘들어 그동안 노력했던 많은 시간을 수포로 돌리고 싶었지만 꿈을 향한 '미친 노력'을 멈출 수는 없었습니다. 그리고 운명처럼 『엄마의 생각정리스킬』을 기획하고, 이렇게 끝까지 완성하게 되어 제가 원하고 바라는 여러 꿈 중에서 '가슴을 울리는 글을 쓰는 작가' '마음을 움직이는 말을 하는 강사'라는 2가지 꿈의 출발점에 지금 서 있습니다.

실력은 명사가 아니라 동사입니다. 계속 갈고 닦지 않으면 금방 녹이 슬지요. 그래서 실력은 언제나 진행형입니다. 지금 실력이 없다고 의기소침할 필요가 없습니다. 세상은 얼마 되지 않는 재주나 기교로 요리조리 머리를 굴리는 사람보다 작은 실천 속에서 장애물을 넘기 위해 애쓰는 사람에게 따뜻한 손길을 내민다는 사실을 믿어봐야 합니다. 순진하다는 비웃음을 듣더라도 이러한 믿음이 중요합니다. 그러다 보면 없던 실력도 생기는 법입니다.

유영만, 『청춘경영』 중에서

꿈을 이루기 위해서는 부단한 '담금질'과 '애씀'의 과정이 필요합니다. 『엄마의 생각정리스킬』이 꿈으로 가는 여정에 있어 조금이라도 우리 엄마들의 노고를 덜어주며 든든한 버팀목이 되어줄 수 있을 거라 굳게 믿고 실천했으면 좋겠습니다.

이제 엄마는 생각을 정리해야만 합니다.
엄마가 생각을 정리하면 잊고 있던 나를 찾을 수 있습니다.
엄마가 생각을 정리하면 나와 다른 사람까지도 사랑할 수 있습니다.
엄마가 생각을 정리하면 꿈을 꿀 수 있습니다.
엄마가 생각을 정리하면 꿈을 이룰 수 있습니다.
엄마가 생각을 정리하면 아이가 자기를 찾을 수 있습니다.
엄마가 생각을 정리하면 아이가 스스로 꿈을 꿀 수 있습니다.
엄마가 생각을 정리하면 아이가 스스로 꿈을 이룰 수 있습니다.
엄마가 생각을 정리하면 아빠도 함께 꿈을 꿀 수 있습니다.

한 사람이 꿈을 이루는 모습은 또 다른 한 사람의 꿈이
그리고 우리 아이들의 꿈이 되기도 합니다.
한때는 삶의 벼랑 끝에 서서 죽음을 생각했던 제가
아무것도 없던 엄마였던 제가
바닥 아래 바닥인 지하에서부터 시작해
생각을 정리하며 글로 쓰고 말로 전달하며
하나의 꿈을 이룰 수 있게 되었습니다.

이제 지금부터 또 다른 시작입니다.

앞으로도 제가 계속해서 이루게 될 꿈의 모습이

우리 딸의 꿈이 되길 원합니다.

또 다른 엄마의 꿈이 되길 원합니다.

그리고 또 다른 아이의 꿈이 되길 원합니다.

그렇게 우리

함께 꿈꾸고

함께 활짝 웃을 그날을 기다립니다!

그 어떤 꿈이라도 좋습니다.

꿈꾸는 엄마인 아름다운 당신을 응원합니다!

이 책이 출간될 수 있도록 저의 진정성과 원고의 가치를 알아주시고 믿어주시고 응원해 주신 천그루숲의 백광옥 대표님과 『생각정리스킬』의 복주환 저자님께 감사드립니다.

두 분 외에도 책이 나오기까지 저에게 많은 힘과 용기를 주시고 격려를 아끼지 않은 분들이 정말 많습니다. 감히 제가 그 순서를 가늠하기 어렵고, 혹여나 제가 빠뜨리는 누를 범할까 싶어 지면에는 감사의 마음을 일일이 표현하지 못하지만 한 분 한 분께 무한한 감사와 사랑의 마음을 전하고 싶습니다. 저에게 베풀어주신 따뜻한 마음을 잘 기억하며, 저의 작은 도움이라도 필요하신 분들에게 더 큰 사랑으로 돌려드리려고 합니다.

사랑하는 우리 가족에게 감사의 마음을 전합니다. 항상 따뜻한 응원과 격려를 아끼지 않으시는 시부모님께 감사드립니다. 그리고 지금까지 정말 고생 많으셨던 우리 엄마에게 그 어떤 말로도 표현할 수는 없지만 감사하고 사랑하는 마음을 전하고 싶습니다. 오빠와 윤희, 현우 씨, 세빈이, 하율이, 재후에게 고맙습니다.

마지막으로 꿈 많은 부인의 가능성을 믿어주고 물심양면으로 응원해 주며 항상 함께하는 내 삶의 동반자 우리 남편 오주곤 씨와 우리 딸 오시윤, 사랑하고 감사합니다.

모두 덕분입니다.

이 모든 마음을 모아 2018년 11월 하늘의 별이 되신 우리 아버지께 바칩니다. 아버지 사랑합니다. ♥

엄유나

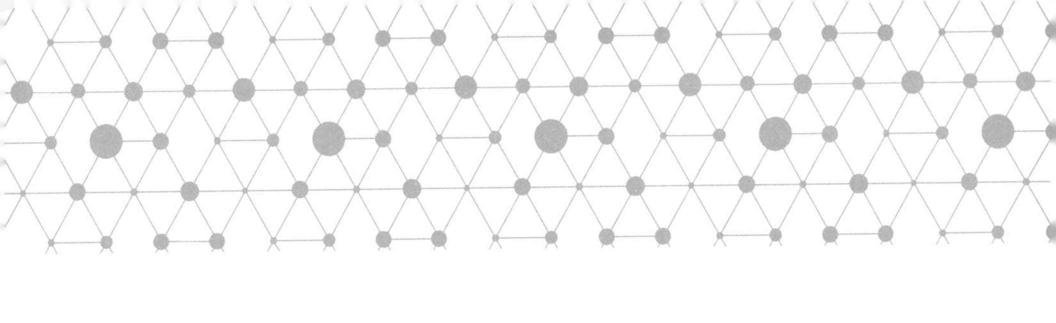

부록

생각정리 페이퍼

〈엄마의 생각정리스킬〉
네이버 카페에 들어오시면
PDF 파일을 다운로드 받을 수 있습니다.

마인드맵

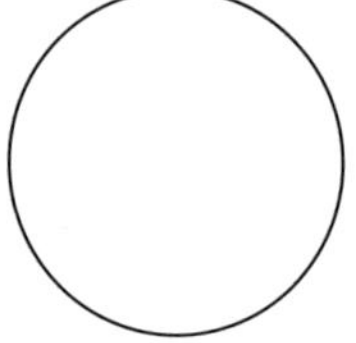

로직트리

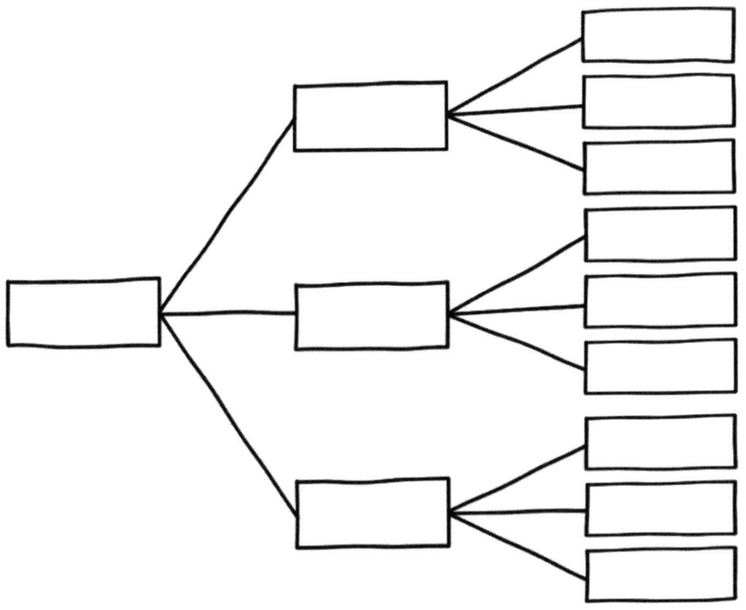

만다라트

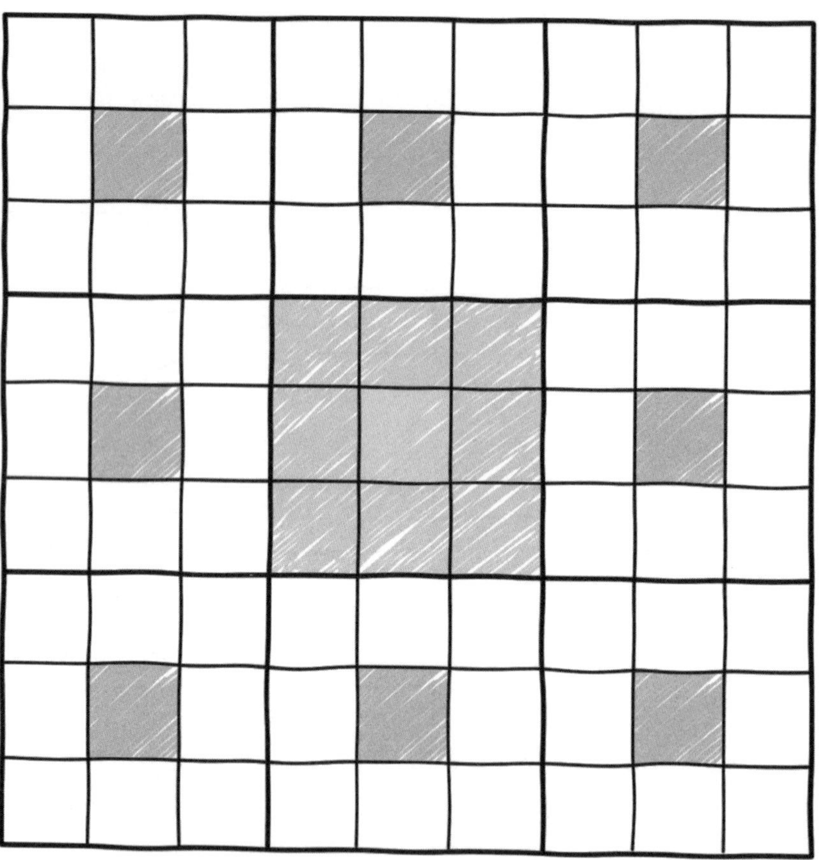

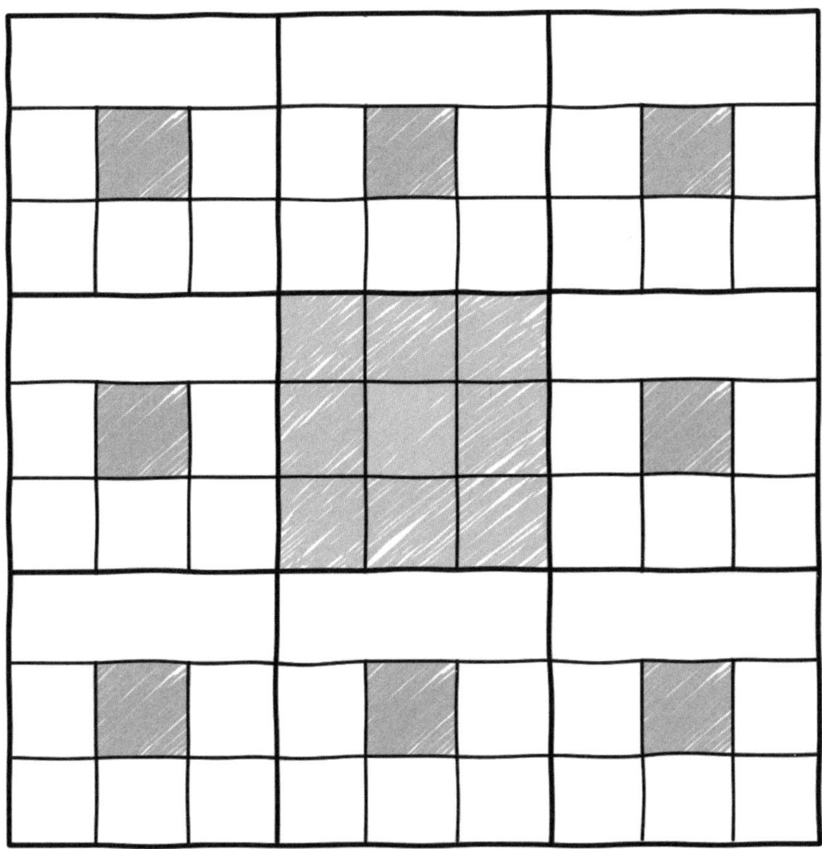

인생그래프

+10

+9

+8

+7

+6

+5

+4

+3

+2

+1

–1

–2

–3

–4

–5

–6

–7

–8

–9

–10

데일리리포트

DATE	day

〈생각정리하루습관〉

- ☐ 하루계획
- ☐ 독서
- ☐ 생각정리 /글쓰기
- ☐ 정리정돈
- ☐ 운동
- ☐ 일기쓰기(감사하기)

하루계획

- ☐
- ☐
- ☐
- ☐
- ☐
- ☐
- ☐
- ☐
- ☐

Time Table	
5	
6	
7	
8	
9	
10	
11	
12	
13	
14	
15	
16	
17	
18	
19	
20	
21	
22	
23	
24	
1	
2	
3	
4	

독서	생각정리
글쓰기	일기쓰기(감사하기)

습관점검표

1주차	하루 목표	독서	글쓰기	집안 정리	운동	일기 쓰기
1일						
2일						
3일						
4일						
5일						
6일						
7일						
한주 평가						

강원국, 〈대통령의 글쓰기〉, 메디치미디어, 2014
김미경, 〈엄마의 자존감 공부〉, 21세기북스, 2017
김미애 글, 소복이 그림, 〈진짜괴물〉, 문학과지성사, 2018
김상호, 〈엄마의 재취업〉, 작은서재, 2017
김수영, 〈멈추지마, 다시 꿈부터 써봐〉, 2010
김슬기, 〈아이가 잠들면 서재로 숨었다〉, 웨일북, 2018
김아연, 〈나는 워킹맘입니다〉, 창비, 2017
김아연, 〈엄마로만 살지 않겠습니다〉, 청림라이프, 2018
김연정·정인아, 〈나는 육아를 회사에서 배웠다〉, 2015
김이준, 〈진로, 고민하고 답하다〉, 이담북스, 2017
김준희, 〈똑게육아〉, 아우름, 2015
김정운, 〈에디톨로지〉, 21세기북스, 2014
나탈리 골드버그, 〈뼛속까지 내려가서 써라〉, 한문화, 2018
나탈리 골드버그, 〈글쓰며 사는 삶〉, 한문화, 2010
니콜라스 카, 〈생각하지 않는 사람들〉, 청림출판, 2015
대니엘 카너먼, 〈생각에 관한 생각〉, 김영사, 2018
박민수·박민근, 〈공부호르몬〉, 21세기북스, 2018
박용재, 〈아이의 미래 초등교육이 전부다〉, 베가북스, 2014
복주환, 〈생각정리스킬〉, 천그루숲, 2017
복주환, 〈생각정리스피치〉, 천그루숲, 2018
복주환, 〈생각정리기획력〉, 천그루숲, 2019
빅터 프랭클, 〈죽음의 수용소에서〉, 청아출판사, 2017
사토 도미오, 〈당신의 꿈을 이루어주는 미래일기〉, 청아출판사, 2014
서진규, 〈꿈꾸는 엄마로 산다는 것〉, 알에이치코리아, 2015
송숙희, 〈150년 하버드 글쓰기 비법〉, 유노북스, 2018
송진욱·신민섭, 〈부모의 질문법(아이의 재능을 찾아주는)〉, 경향에듀, 2010
신영복, 〈담론〉, 돌베개, 2015
신영복, 〈처음처럼〉, 돌베개, 2016
심소영, 〈나는 엄마다〉, 길벗, 2018
오프라 윈프리, 〈내가 확실히 아는 것들〉, 북하우스, 2014
유시민, 〈어떻게 살 것인가〉, 생각의길, 2013
유영만, 〈생각지도 못한 생각지도〉, 위너스북, 2017

유영만, 〈청춘경영〉, 새로운제안, 2015
유영만·강창균, 〈버킷리스트〉, 한경BP, 2011
윤선현, 〈하루 15분 정리의 힘〉, 위즈덤하우스, 2012
이미애, 〈엄마주도학습〉, 21세기북스, 2017
이지수, 〈습관성형〉, 닐다, 2017
이천, 〈내 통장 사용설명서〉, 세이지, 2017
이채욱, 〈내 아이와 로봇의 일자리 경쟁〉, 매경출판, 2018
임성민, 〈청소 끝에 철학〉, 웨일북, 2018
전성수, 〈최고의 공부법(유대인 하브루타의 비밀)〉, 경향BP, 2014
정혜신, 〈당신이 옳다〉, 해냄출판사, 2018
지수경, 〈인생을 바꾸는 아주 작은 습관〉, 프로방스, 2016
찰스 두히그, 〈습관의 힘〉, 갤리온, 2012
팀 페리스, 〈타이탄의 도구들〉, 토네이도, 2017
하야시 나리유키, 〈두뇌를 깨우는 7가지 습관〉, 김영사, 2011
박정진 외 3인, (사)한우리독서문화운동본부 교재집필 연구회, 〈독서 교육의 이론과 실제〉 1, 2, 스푼북, 2018

| 강연 |

강원국, 〈세상을 바꾸는 시간 15분〉, 글쓰기의 두려움을 이기는 법, 2017.4.4.
서민, 〈세상을 바꾸는 시간 15분〉, 책은 왜 어떻게 읽어야 하는가, 2018.3.20.
홍지민, 〈세상을 바꾸는 시간 15분〉, 꿈꾸는대로 생각한대로 말하는대로, 20195.20.
EBS 다큐프라임, 〈마더쇼크〉 2부 엄마의 뇌 속에 아이가 있다, 2011.5.30.

| 칼럼 |

김지영, 교보교육재단 칼럼, 〈4차 산업혁명과 미래역량 : 우리는 어떻게 '되어가야' 하는가?〉, 2017.6.22.
김유미, 브레인미디어 칼럼, 〈우리 아이의 뇌, 연령별 발달과정〉, 2010.12.31.
권장희, 베이비뉴스 칼럼, 〈심심하게, 아이를 더 '심심하게' 하라!〉, 2018.7.24.